教师阅读文库

# 20世纪最具影响的心理健康大师

## 从弗洛伊德到塞利格曼

俞国良 著

The Great
Psychologists

商务印书馆
创于1897 The Commercial Press
2017年·北京

**图书在版编目(CIP)数据**

20世纪最具影响的心理健康大师/俞国良著. -- 北京:商务印书馆,2017

ISBN 978-7-100-13009-7

Ⅰ.①2… Ⅱ.①俞… Ⅲ.①心理学家—生平事迹—世界—20世纪 Ⅳ.①K815.1

中国版本图书馆CIP数据核字(2017)第043401号



**20世纪最具影响的心理健康大师**

俞国良 著

商 务 印 书 馆 出 版

(北京王府井大街36号 邮政编码100710)

商 务 印 书 馆 发 行

北 京 冠 中 印 刷 厂 印 刷

ISBN 978-7-100-13009-7

2017年3月第1版　　开本880×1230 1/32

2017年3月北京第1次印刷　　印张7¼

定价:25.00元

# 导 言

举凡大师，意谓有巨大成就而为人景仰的学者或艺术家。他们或学富五车，满腹经纶；或巧夺天工，美轮美奂；或英名远播，功垂青史。不仅开一代风气之先，新论新说迭出，名文名品皇皇，经典名作如恒河沙数，而且出现了具有历史穿透力的鸿篇巨著。

具体到心理学大师，特指在心理学领域有突出贡献，举世公认且德高望重的思想家、科学家，他们是心理学发展的标志性人物，是心理学作为一门独立学科百年来，在理论探索与实践应用领域取得重大成就，突破空间限制并经受时间考验的一代大家和一代宗师。

然而，芸芸众生中究竟谁能有资格荣膺"心理学大师"的称号？仁者见仁，智者见智。为此，国际心理学界久负盛名的《普通心理学评论》杂志在21世纪初刊发了一项调查研究成果，公布了"20世纪最杰出的100名心理学家"(其中有4名诺贝尔奖获得者)。研究者通过三个量化指标与三个质性指标，对20世纪全世界最著名的心理学家进行了排序，结果提供了一份排名前99位心理学大师的名单，留下一个空额，让人们展开丰富的想象。

榜上有名的99位心理学家中，许多人的研究领域都涉及心理健康。其中一些人毕生的学术专长就是试图破解人类的心理健康问题。如大名鼎鼎的弗洛伊德(排名第3位)，素以梦的解析和精神分析理论的创始人、实践者闻名于世；罗杰斯(排名第6位)的"以当事人为中心的心理治疗方法，以及对学校教育的独特贡献"更是被现代心理健康工作者奉为经典；塞利格曼(排名第31位)作为"积极心理学之父"，其理论与方法大有"星火燎原"之势，不可阻挡。另外一些心理学家学术生涯涉猎稍广，但其在心理健康领域做出的贡献同样功不可没，且举足轻重。

本书按得分顺序选择了18位术有专攻的心理学家，对他们的生平以及在心理健康领域的研究成果进行了简略解读，定位为“大师·印象·启蒙”。本以为这是一项简单的工作，真正做起来之后才知道分量和艰难。原因在于要用几千字的篇幅，浓缩大师人生历程，概括大师滔滔宏论，总结大师功过得失，实在有“蜀道难，难于上青天”之感。好在我之前为此做过一些“功课”，2012年曾应邀为开明出版社主编了《心理健康经典导读》（上下册），2014年为浙江教育出版社主编了《心理学大师心理健康经典论著通识丛书》（17册），这两项工作为完成上述任务奠定了一定的文献资料基础。又时逢假期，时间上也有了充分保障。值此，向上述图书各位作者的信任和支持表示衷心感谢。

出版这部书的初衷，旨在向心理健康的大师和经典致敬，同时为青少年朋友，尤其是大学生在热衷手机阅读和微信微博之余补充“能量”，也可作为心理学爱好者和心理健康工作者茶余饭后的“甜点”。特别建议学校心理健康教育工作者和学校德育工作者学习、参考。在生命与灵魂的深处与心理健康大师相遇、神交，既是一种学习提高，也是一种幸福享受。在这浮躁、喧嚣的社会转型时期，能静下心坐下来，除了镇静剂唯有书。唯有通过书与大师“对话交流”，才能彻底“禅定”。心平气和、神闲气定地捧书与大师“促膝而谈”，不失为一件很美妙、很有意义的事！

热情希冀，心理健康真正撑起一片守望幸福的蓝天。

衷心祝愿，心理健康真正成为一个成就人才的摇篮。

虔诚祈祷，心理健康真正建构一项温暖人心的事业。

此愿足矣，此盼可矣。

俞国良于北京西海探微斋

2016年1月25日

# 目　　录

**附录：**

# 01　弗洛伊德：精神分析理论的创始人和实践者

西格蒙德·弗洛伊德(Sigmund Freud,1856—1939)是一名奥地利精神病学家,精神分析理论的创始人和实践者。1856年5月6日出生在现属捷克的一个犹太商人家里,是其父亲和第三任妻子所生六个孩子中的长子。作为长子,弗洛伊德与母亲有着一种强有力的亲情关系,一生深受其影响。

弗洛伊德从小就显示出非凡的聪颖。他9岁进中学,17岁时以名列第一的成绩完成中学学业,随后考入维也纳大学学习医学。1881年获得医学博士学位,第二年与玛莎·伯莱斯订婚,1886年完婚前,弗洛伊德给未婚妻写了400多封信。他们白头偕老。1882年,他用催眠术研究癔病,感觉到身心关系的微妙,由此产生了他的第一例精神分析病例——安娜·O,即佩珀海姆案例。1885年到1886年间,他在学习和考察实践中，深信神经症是可以通过心理治疗而奏效的，从此对癔症和催眠产生了浓厚的兴趣，于是回维也纳创办了一家私人诊所，开始治疗精神疾病。

1897年，弗洛伊德创立了具有深远影响的自我分析方法，认为心理障碍是由于性紧张积累而引起的。之后十年，弗洛伊德进行了大量的精神病临床治疗和研究，诞生了"精神分析"(psychoanalysis)这个名称，并于1900年出版了《梦的解析》。这本书的出版，标志着精神分析理论的正式形成，成为弗洛伊德最著名的著作。尽管现在人们对此书的评价和认可都很高，但在出版初期，却招来一片批评和反对之声，导致此书出版后的8年间仅售出600册。1910年，在第二次国际精神分析大会上，成立了国际精神分析协会，这表明精神分析学派的正式建立。至30年代，他的理论影响力如日中天，精神分析理论成为了解释人类动机和人格的主要方法。1938年，他被迫离开维也纳去伦敦，并于1939年9月23日在伦敦逝世，享年83岁。

弗洛伊德的一生卷帙浩繁，论文、著作多达300多种，代表性著作有《梦的解析》(1900)、《图腾与禁忌》(1913)、《精神分析引论》(1917)、《文明与缺憾》(1930)和《精神分析引论新编》(1933)等。在1982年由美国心理学史史学家评选的1600年后世界影响最大的已故1040名心理学家中，他排名第一；在2002年由世界心理学界最负盛名的《普通心理学评论》杂志评选的20世纪最杰出的100名心理学家中，他排名第三。

## 一、精神分析理论产生的背景

精神分析这一术语包含三层意思：一是表达一组有关人类心理性质的观点；二是描述一种对心理失调予以治疗的干预技术；三是意指一种研究方法。弗洛伊德作为精神分析学派的创始人，其个人经历和所处的社会文化历史背景与该理论产生和发展有着密切联系。

首先,该理论形成与发展有其特殊的社会背景。19 世纪末的奥地利和维也纳,社会贫富分化十分严重,各种阶级矛盾日益尖锐,工作和职业竞争异常激烈,人们的精神压力很大,焦虑和恐惧情绪不断增长,神经症和精神病的发病率越来越频繁。同时,维多利亚时代的伪善道德观,以及犹太人家庭性道德的压抑,导致整个社会对性的禁忌十分苛刻,人们的性本能受到严重压抑,产生了心理上的扭曲和变态。此外,第一次世界大战爆发所引起的人们对战争的恐惧,也“极大地震动了精神分析学界及整个医学界”。可以说,精神分析是弗洛伊德企图解决资本主义国家社会病态现象所做的努力。

其次,该理论的形成与发展有重要的哲学思想背景。弗洛伊德对哲学有深入的研究,柏拉图的性本能、“灵魂三部说”,莱布尼茨的“微觉”,黑格尔的“无意识精神”,叔本华的“无意识”、“性欲”和“双本能同一”思想,以及尼采的深层心理分析和赫尔巴特的“意识阈”概念等,都对弗洛伊德的精神分析思想有很深刻的影响,为精神分析思想的产生和发展提供了诸多启发和帮助。在上述哲学思想的基础上,弗洛伊德将无意识分为前意识和潜意识:将那些能够进入意识中的经验当作前意识;将那些根本不能进入或很难进入意识中的经验当作潜意识。由此,弗洛伊德将无意识提高到前所未有的高度。

最后,该理论的形成与发展有特定的科学背景。在 19 世纪中叶,自然科学的三大发现,能量守恒定律、进化论、细胞学说等科学思想以及弗洛伊德的医学背景,为精神分析的发展及其在临床领域的应用提供了重要的前提条件。弗洛伊德受过长期的物理生理训练,这种经历使他相信,通过自由联想和释梦方法,让心理疾病患者将内心的力量表达出来、转移出去,其精神病症就能够得到治疗,心理也可以得到康复。再加上达尔文的进化论学说促进了弗洛伊德生物决定论的观点、有机体有规律发展的观点和泛性论思想的确立，这些观点或思想结合弗洛伊德的医学和精神病学背景，特别是当时心理病理学的研究成果与发展，使他对精神病症有了更深的认识和理解。

上述社会背景、思想背景和科学背景，为弗洛伊德精神分析思想和理论的产生及发展提供了基础，使精神分析理论在历经一百多年的历史考验后，仍得到人们的关注和青睐，为提高人类心理健康水平提供了一个新的思考视角。

## 二、弗洛伊德心理健康思想的要素

弗洛伊德的心理健康思想，集中反映在精神分析理论中。

精神分析是弗洛伊德创建的治疗神经症的一种方法，也是弗洛伊德及其后继者在精神病医疗实践中逐步建立、积累的一组心理学理论。该理论的核心概念是潜意识（无意识）。他认为，精神分析研究的是人的潜意识，通过对潜意识的认识和了解，找到精神病症的根源，从而达到治疗的效果，维护人的心理健康。

潜意识和本能。弗洛伊德认为，人的心理包括意识和无意识现象，无意识现象又可以分为前意识和潜意识。潜意识中的本能冲动和欲望，总是会在人的前意识无法知觉的情况下出现，进入意识中，支配人的情绪和行为。可以说，意识和前意识只占人内心想法的很小一部分，占主体的是潜意识。潜意识包括个人的原始冲动和各种本能，以及出生后和本能相关的欲望，它们不容于社会文化而被压抑到意识阈限以下，但是它们并没有消失，而是不自觉地积极活动，追求满足。在这个意义上，也可以把意识、前意识和潜意识分别与其人格结构中超我、自我和本我相对应。本我完全包括在潜意识之中，而自我与超我的一部分也包括在潜意识中。因此，人们不应该对潜意识进行好与坏的价值判断。

弗洛伊德认为,人的本能"是心理和生理交界领域的未知部分,是生理刺激到达心理的心理表现,是生理对心理的要求度量"。这个本能包括自我本能和性本能。后来,他进一步把本能发展为"生本能"和"死本能"。本能的根源是身体的状态或需要,是身体对某种物质或精神的欠缺。本能的目的是寻求满足,消除身体的欠缺状态。在人类文明发展过程中,人的本能受到道德和规范的抑制,不能够完全实现,于是就产生了心理矛盾,引发了心理失衡,从而导致精神疾病。

心理性欲的发展。弗洛伊德认为,人类的一切行为动机,都受性本能冲动的支配。精神症的产生,就是由于性本能冲动受到压抑而得不到满足的结果。他进一步指出,在性的后面有一种潜力,这种性力就是"里比多"。个体人格的发展也是"里比多"驱力的结果,并把人格发展划分为五个阶段。

第一阶段:口唇期(0—1 岁)。以口唇区域为快感的中心。如果这个阶段的摄入没有得到满足,往往会倾向于依赖、悲观、被动、猜疑和退缩等消极人格,对烟、酒、零食等能够放入嘴里的东西有超过常人的依恋。第二阶段:肛门期(1—3 岁)。以肛门区域为快感的中心。在这个阶段受到过于严格训练的人,在成年后倾向于洁癖、固执和强迫等过度控制的人格,相反则倾向于邋遢、浪费、凶暴,甚至反社会等人格特征。第三阶段:性器期(3—5 岁)。以生殖器为快感的中心。人们在这个阶段开始发展超我,用来压抑内心对异性父母的欲望。如果没有得到正确的发展,就会陷入本我的混乱中,之后的成长会一直伴随仇恨、自卑、嫉妒等消极心理。第四阶段:潜伏期(5—12 岁)。仍以生殖器为快感的中心。这个阶段的人由于脱离了家庭的环境而进入学校,就会将家庭中对父母性别的认同和回避延伸到同伴身上。第五阶段:生殖期(12 岁之后)。随着个体的性发育,生殖器依旧是快感的中心。如果早期没有得到满足,里比多的释放会引发更多的欲望,甚至产生人格的扭曲。

弗洛伊德认为，人的一生难免会遇到各种挫折，引发人的“里比多”的失衡，导致心理行为问题。此时，需要了解低级阶段的特征，找到根源问题，通过各种方法加以满足和调节，再次恢复心理健康。

精神分析或心理治疗的方法。弗洛伊德认为，神经症患者在婴幼儿时期性心理发展过程中未能满足的欲望，如恋母情结、恋父情结等，被压抑到无意识中形成症结。这种违反伦理道德观念的症结仍会要求在意识中表现，与自我构成心理冲突，经过心理防御机制的加工，最后以不带明显内容的神经症症状表现出来。在这个过程中，自由联想法、梦的解析、自我防卫机制等都是精神分析的有效方法，也是增进心理健康的有效方法。

他曾在《梦的解析》一书中提到一个从表面上看似与愿望达成相反的案例。那是个年轻的女子，在对梦的自由联想报告中说，梦见她最挚爱的姐姐的小儿子去世了，她出现在葬礼中。她很伤心，不断地自责，认为自己在潜意识中诅咒姐姐的儿子，但事实是她非常爱她姐姐的儿子。于是，弗洛伊德对她的生活经历及日常琐事进行了了解，最后发现，这个妹妹曾经有个深爱的人因为姐姐的无理反对而分手，但分手之后，她仍旧追随他的踪迹。就在那个梦之后的几个小时，她将再次见到那个人。之所以出现葬礼情景，是因为他们之前的最后一次见面，是在她姐姐的大儿子去世的葬礼上。于是，在妹妹的潜意识中，那种希望再次见到她所爱的人的愿望和最后一次见到他的场景相重叠，构成了她的梦境。

## 三、弗洛伊德心理健康思想的评价

弗洛伊德虽早慧却大器晚成。在精神分析理论真正得到国际心理学界认可的时候，他已经53岁了。后人对他的评价褒贬不一，这可能是一个"仁者见仁,智者见智"的问题。

首先,人们肯定弗洛伊德对心理治疗的贡献,以及心理治疗在心理健康领域的广泛应用。不能否认,弗洛伊德用潜意识理论,对变态心理和行为的形成原因以及有效的治疗方法进行了全新且系统的研究,确立了心理治疗的历史地位,促进了心理治疗职业的发展。至今,精神分析仍是心理治疗的基本范式。自由联想、梦的解析等精神分析方法对现代人的影响不容忽视。在实践中,人们会自觉应用弗洛伊德对梦的解释来发掘自我意识,一些有经验的现代心理咨询师也采用弗洛伊德的方式了解患者的内心想法,帮助患者找到思想的根源。日常生活中,一些异常行为如口误、遗忘、逆反心理等,也可以从弗洛伊德的理论中找到相应的解释,从而使人们对自己也有更好的认识。在理论上,原先人们对心理疾病的治疗主要采用医学和生物学方法和技术,认为人的心理疾病是由人的生理病变引起的,而弗洛伊德用精神分析理论去分析和治疗心理疾病时,认为人的心理疾病是由内在的心理冲突引起,必须采用消除压抑消除抵抗等缓解心理冲突的方法来治疗心理疾病,这是一种纯粹的心理学方法,奠定了心理疾病的"生理—心理—社会"的治疗模式,理论上功不可没。

其次,弗洛伊德的潜意识学说、性发展阶段理论与人格发展理论,对更好地理解与指导个体的心理健康是有帮助的。他的理论,使人们对人类的动机和行为有了一个新的认识,很多心理咨询师和心理健康专业人士都受到精神分析理论的影响。弗洛伊德认为,采用自由联想、梦的解析、移情方法等帮助患者摆脱无意识的控制,使其正确认识自我并接纳自我,在日常学习生活和工作中恢复自我,将有助于正确面对心理压抑和心理冲突,实现心理健康。他认为,有强大的自我,才有健康的人格。现实的自我要同时受到来自本我、自我和超我三部分压力,这三者若能保持动态平衡,个体就能保持心理健康;反之,就可能导致心理冲突，并产生心理异常。这是有一定道理的，特别是对儿童及青少年心理健康教育具有现实指导意义。但是，人格固然受到本能的影响，社会环境也会作用于人格的发展。特别是在人本主义心理学家看来，人对本能的满足只是低级的满足，在本能得到满足之后，会有更高层次的需要出现，这是一种对“自我实现”的满足，也是一种积极的心理追求。

最后，由于精神分析源于病态人格的分析，其理论和方法都是建立在弗洛伊德对精神病患者的治疗基础之上，因此，他对人的了解有可能存在较大的偏见。在他看来，心理健康的人就是没有严重异常症状的人。显然，弗洛伊德把变态与常态等同，用变态心理规律去说明常态心理发展，有形而上学之嫌。因此，精神分析理论受到人们不断的质疑。同时，由自由联想、梦的解析等方法得出的结果的解释也有失偏颇。尤其是在梦的解析中，比如，将帽子解释为男性的象征，将“被车碾过”解释为性交，将梯子和柱子解释为男性生殖器，将风景解释为女性生殖器。他对患者释梦作深入研究，而对梦的自我分析则避重就轻，浅尝辄止。这些问题使得弗洛伊德的精神分析法在应用过程中，无法到达科学实验要求的客观性、准确性和可重复性。弗洛伊德的后继者们为了避免上述缺陷，在精神分析的方法上做了一些修改。例如，不用自由联想而改为面对面的交谈，不培养移情只要求良好的合作关系，少分析梦或不分析梦等等。但治疗原理没有改变，理论支撑也没有改变。这些后继者就被研究者称为“新精神分析学派”。新精神分析学派的研究及实践，对推动现代心理健康教育发挥了重要作用。

因此，取其精华，去其糟粕，为我所用，这是对待精神分析理论应该持有的科学态度。

# 02　罗杰斯：当事人为中心的心理治疗与教育

卡尔·罗杰斯(Carl Rogers,1902—1987)是一位有世界影响的美国心理学家,是心理治疗和人本主义心理学的创始人之一。他于1902年1月8日出生于美国伊利诺伊州的芝加哥,在六个孩子中排行第四,父母都是虔诚的基督教徒。

1922年,罗杰斯上大学三年级时,作为全美10名代表之一到中国北京参加“世界学生基督徒联盟会议”,这一阅历使他开始怀疑自己的宗教信仰。正好神学院对面就是哥伦比亚大学师范学院,于是罗杰斯就选修了一些教育学和心理学的课程。从那以后,他决定改变自己的职业,开始正式攻读临床心理学和教育心理学学位,并于1928年获硕士学位、1931年获博士学位。在今天看来,这是宗教之失,却是心理学之幸。

1935年至1940年，他在罗切斯特大学任教，以自己治疗问题儿童的经验撰写了《问题儿童的临床治疗》(1939)；1940年，他成为俄亥俄州立大学的临床心理学教授，在那里他撰写了第二部著作《心理咨询与心理治疗》(1942)。在这本书中罗杰斯提出，当事人通过与治疗者建立一种理解、接受的关系，就能够解决问题，并获得对重构自己生活所必需东西的深入认识。1945年，罗杰斯应邀到芝加哥大学成立心理咨询中心，并在那里对自己方法的有效性进行了研究，其研究发现及理论成果可见于《当事人中心治疗》(1951)与《心理治疗与人格转变》(1954)两书中。1956年，罗杰斯成为“美国心理治疗家学会”的首任主席。随后他返回母校威斯康星大学麦迪逊分校教授心理学，期间撰写了最著名的著作之一《个人形成论》(*On Becoming a Person*)(1961)，一直执教到1963年，之后他定居加州的拉霍亚市，直到1987年溘然离世。

罗杰斯独创“当事人为中心方法”来解读人格和人类关系，这一方法在很多领域有着广泛运用。例如，心理治疗和心理咨询、教育领域。他晚年投身于将自己的理论运用于国家的社会冲突领域，周游世界，亲力亲为。因其在解决南非及北爱尔兰的国家团体冲突中的杰出工作，曾被提名入围“诺贝尔和平奖”。

## 一、当事人为中心的心理治疗的理论基础

罗杰斯当事人为中心的心理治疗理论建立在对人、现象场、自我等基本看法的基础上。

对人的基本看法。罗杰斯认为，人基本上是生活在他个人的和主观的世界之中。在这里，他强调了人的主观性，这是在心理咨询与治疗过程中要注意的一个基本特性。人所得到的感觉是他自身对真实世界感知、翻译的结果。当事人作为一个人，有自己的主观目的和选

择。当一个人发怒的时候，总是有所怒而发；当爱的时候，也总是有所爱而爱。同时，人有实现的倾向，这是一种基本的动机性驱动力，也是一个积极主动的过程，即人具有引导、调整、控制自己的能力。当事人为中心的治疗有一种不变的诊断，即认为所有心理问题及困扰都是由于这种实现的倾向的阻滞所造成的。因此，心理咨询或治疗就是要排除这种障碍以重新确立起良好的动机驱力。

对现象场的看法。在罗杰斯看来，与其说个体生活在一个客观现实环境中，不如说他生活在自己的主观经验世界之中。这个主观的经验世界称为“现象场”。每个人的现象场都是独一无二的，正是由于这个原因，才使得不同的人对同样的刺激、同样的事件做出不同的反应。现象场理论使罗杰斯做出了一个重要推论：只有自己才能真正地、完善地了解自己的经验世界，旁人（包括治疗者）永远不可能像当事人那样更好地了解当事人。

对自我的看法。罗杰斯的自我理论是其人格理论的核心，也是他关于心理失调理论的基础。在他看来，自我并不等于自我意识，而是自我知觉（或意识）与自我评价的统一体。即个人对自己、他人和环境的知觉及与之相关的评价。罗杰斯认为，在儿童开始有了初步的自我概念后，人的实现趋向开始转变为自我实现趋向。即倾向于寻找、保持那些积极经验，回避那些消极经验。应该说，这样的发展是最理想的发展，但是，有些因素会使这种理想的发展受到干扰。

大多数父母总是根据儿童的表现，来决定是否给予关怀和尊重。父母的关怀和尊重是有条件的，这些条件体现着父母和社会的价值观，罗杰斯称这种条件为价值条件。儿童反复地从自己的行为后果中体验这些价值条件，并把这些价值观念内化，变成自我构成的一部分。当这种内化了的价值观念和行为标准形成后，儿童人格发展中的一个重大事件就发生了：儿童的行为不再受机体评估过程的指导，而是受到内化了的社会价值规范的指导。这意味着儿童的自我和经验之间发生了异化。在罗杰斯看来，只要经验与自我之间存在不一致和冲突，只要个体否认和歪曲经验，这个人就存在心理失调。因此，几乎所有人都会体验到心理失调，只是程度轻重有所差别罢了。

## 二、当事人为中心的心理治疗及其特点

当事人为中心的心理治疗与特点，主要体现在心理治疗的目标、条件及基本过程等方面。

心理治疗的基本目标。在当事人为中心的理论中，心理治疗的目标主要是要与当事人建立一个适当的关系，来协助对方成为一个完全自主的人。一旦去伪存真的工作得以完成，当事人就似乎变成了新人，一个"充分发挥机能的人"，罗杰斯常用"变成自己"、"从面具后面走出来"来表达这种改变。此时，当事人开放自己、信任自己，懂得按照自己内在的标准来对事物作评估，并在这一过程中不断成长。

心理治疗的基本条件。罗杰斯认为，在治疗过程中治疗者必须要创造一个良好的人际关系，包括真挚、无条件的绝对尊重和正确的共情等，以便当事人善加利用自己所拥有的资源，产生建设性的性格改变。真挚。治疗者应让当事人体验到自己的真挚，在治疗过程中愿意和当事人分享个人的感受，甚至一旦对当事人产生某种独特的感受时，也能坦诚地告诉当事人。无条件的绝对尊重。治疗者要在对当事人没有任何要求和企图的心态中，向对方表示温情和接纳。它包含两个重要因素，其一是治疗者珍视当事人，其二是无条件的接纳和无占有欲的重视。共情，这是整个治疗关系中最重要的成分。要达到正确的共情，治疗者首先要放下自己主观的参照标准，设身处地去从当事人的参照标准来看待事物和感受事物。从当事人的角度，和当事人站在同等的地位，体会当事人的内心世界。

心理治疗的基本过程。罗杰斯在其工作的早期,曾就治疗过程提出过12个步骤。但他强调说这些步骤并非是截然分开,而是有机地结合在一起的。这些步骤是:当事人前来求助,治疗者向当事人说明咨询或治疗的情况,鼓励当事人情感的自由表现,治疗者要能够接受、认识、澄清对方的消极情感,当事人的成长萌动,治疗者对当事人的积极情感要加以接受和认识,当事人开始接受真实的自我,帮助当事人澄清可能的决定及应采取的行动,疗效产生,进一步扩大疗效,当事人全面成长,治疗结束。

概括当事人为中心心理治疗的特点,表现为以下几个方面:

第一,基本理念的人本主义色彩。即相信人本质上是好的,有"善根";相信人有向好的、强的、完善的方向发展的强大潜力;相信人能够自我信赖,自主自立;强调恢复和提高人的价值和尊严。

第二,重视当事人的主观经验世界。罗杰斯认为,一个人的主观经验世界是其真正的现实。所以,当事人为中心疗法反对用一些外在的指标、标准来衡量、评估当事人。

第三,反对教育的、行为控制的治疗倾向。当事人为中心治疗的基本假设之一,就是当事人有能力自己发现价值,发现自己的问题,并有潜在的个人资源来获得价值,解决自己的问题。同理,当事人为中心治疗法也不主张采用奖励、惩罚等行为控制手段来"治疗"当事人。

第四,由当事人主导治疗过程。由于治疗者总是不如当事人更了解他自己,因此,会谈的主题和方向应交给当事人掌握,由当事人选择。治疗者信任当事人有能力主导治疗进程,并且相信没有治疗者的指导性的干预,当事人能够更自由地进行自我探索,从而获得对自己最有价值的收益。

第五,治疗者做当事人的朋友或伙伴。治疗者在会谈中能做的最好工作是创造一种气氛,一种让当事人不感到威胁和限制,能够自由地感受情感、探索自我的氛围。

## 三、当事人为中心的扩展——以学生为中心的教育

罗杰斯认为，当事人为中心治疗法可以应用到学校教育中。尤其是那些能够促进当事人发生积极的人格和行为变化的条件，在教育中可以用来促进有意义的学习。

以学生为中心的教育模式。罗杰斯认为，教育的目标是要帮助学生成为独立的人，所以，具体而言就是要培养能够从事自主活动，并对这些活动负责的人；能够理智地选择和自我定向的人；成为批判性的学习者，能够评价他人所做贡献的人；获得有关解决问题知识的人。更重要的是，能够灵活而理智地适应新的问题情境的人；在自由而有创造性地运用所有相关知识经验时，能融会贯通地处理问题的人；能够在各种活动中有效地与他人合作的人；不是为他人的赞许，而是按照他们自己的社会化目标工作的人。

罗杰斯认为，与传统教育模式相比，以学生为中心的教育模式表现出以下特点：

第一，这种教育模式中有一个领导者（通常是教师），她对自己有足够的安全感和自信，从而使得她能够对学生有充分的信任，相信他们的自为、自律、向上、成长的能力。

第二，教师和学生共同对学习进程负责。包括所有的与学习相关事务，如确定课程、进度、课堂规范以及班级管理措施等。其核心是分担责任。

第三，学习资料由促进者提供。学习资料可能是她个人的感受和经验，也可能是来自书籍文献或社会事件。

第四，学生根据自己的实际情况，如兴趣、目的、基础等，来独自或在别人帮助下确定自己的学习计划。学生对自己的学习计划负责。

第五，教师带头或由她做出最初的努力，在班级里培养一种能够促进学习的气氛。这种气氛的基本要素是真诚、关注和理解性的倾听。

第六，教学的关注点在于学生的学习过程，而不是教学的内容。也就是说，教师评价学习进度或效果时，主要是看学生在“学会学习”上取得的进步，而不是该学的东西是否都已全部学完。

第七，纪律是为学生实现自己的学习目标而确定的，因而，它们实际上属于“自律”。

第八，学习的程度和价值首先是由学习者自己来评价，教师的评价只不过是给学生提供一个不同的参考。罗杰斯认为，以学生为中心的教育模式所具有的这样一种“有利于成长”的气氛，可以使得学习进展加快，学习对个人的影响更为广泛，不仅仅是增长知识，而且在态度、情感等方面也会发生积极的变化。

以学生为中心的师生关系。罗杰斯认为教学的目标并非知识或技能的掌握，而在于过程，在于让学生保持和产生好奇心，让他们凭着兴趣去探索。这就要求有新的教学方法，要求教师能够创造出一种让学生自由学习的气氛，这种气氛的实质是和谐的师生关系。

一是真诚。教师是一个真实的个人，而不是“教师”角色，会表现自己的喜怒哀乐，能接受自己的各种体验，无论这些体验是积极的还是消极的，都不会强加到学生身上。教师可以喜欢或不喜欢学生的行为、功课，或者其他方面，甚至可以把这些感受告诉学生，但是，教师会让学生感到，之所以这么做并非因为不喜欢学生本人，而只是针对其行为或功课。

二是珍视、接受与信任。它意味着教师要对学生有发自内心的、无条件的珍爱和关怀，而且这种珍爱和关怀体现着对学生独立性的尊重。这样的教师既可以接受学生成功时的喜悦，也能够接受学生面对问题时的彷徨和害怕;既能够接受学生的自律自觉,也能够接受他们偶尔的分心;既能够接受有益于学生学习和成长的感受,也能够接受他们不利于学习和成长的感受。

三是共情理解。罗杰斯认为,共情理解往往是一般教师所缺乏的,即使这些教师对学生有关爱和尊重的态度。这要求教师以学生的眼睛来看世界和自己,不带评判的色彩,不把学生的表现与自己的好恶联系在一起。

此外,罗杰斯认为,教师除了应具备上述三种最基本的态度外,从一个传统的教师转变为学习的促进者,还需要在以下几个方面有新的认识和转变:教学过程不是"教"而是"促",教师的注意力应该放在创造使学生感到自由和安全的学习气氛上;要明白对于学生而言,有意义的学习过程是全身心投入的;要重视学生的个别性,要允许学生选择自己喜欢的题目、选择自己喜欢的学习方式;要重视好奇心和创造力,教师对此要好好珍视,把保持和释放学生的好奇心作为重点。

## 四、结语

在20世纪40年代,人们咒骂罗杰斯"摧毁了精神分析的统一性"。因为当时心理治疗的理论体系是精神分析一家独大,从事心理治疗的都是精神科医生,他们的专业背景是医学而非心理学,心理学家没有资格做治疗;同时,心理治疗实践中则是强调医生的主导性。可是,罗杰斯建立了一种完全不同的方法:非指导性治疗法。这也意味着他向一统天下的权威发起了一场战争,不过他赢了。在今天,人们有很多的方法可供选择。

同时,罗杰斯提出了新的伦理道德:对治疗过程进行录音必须得到当事人的同意。他也强调保密。这些伦理道德在今天已经被普遍接受,但在当时它还是新鲜事物。罗杰斯也首创了对心理治疗过程和疗效进行实证研究，这在当时需要极大的勇气和创新精神。特别是他以学生为中心的教育思想，虽被他在心理治疗领域的杰出贡献所掩盖，但对今天的学校教育而言仍不失其重要借鉴价值。

在罗杰斯生命的最后15年，他把自己的方法推广应用到政治、政策制定、领导以及团体冲突方面。他认为决策者要做出正确的决定，就应该基于对对方的共情。罗杰斯说，世界是“脆弱的”，他为和平而工作。在80多岁的时候，他在匈牙利、巴西以及苏联等国家领导了大型的工作坊，在南非主持了沟通团体。罗杰斯说：“我并不想找到一种‘当事人为中心’的方法，我想找的是一种助人的方法”。其精神境界堪与获“诺贝尔和平奖”的伟人并肩。

# 03 沙赫特：现代心理健康研究的奠基者

斯坦利·沙赫特(Stanley Schachter,1922—1997)1922 年 4 月 15 日出生于美国纽约郊区,父母都是东欧的犹太移民。他在纽约市公立学校度过了中小学时期,17 岁进入耶鲁大学,1944 年获得艺术史的文学学士学位。之后,沙赫特继续留在耶鲁大学心理学系攻读硕士学位,当时对他影响最大的是学习理论之父——克拉克·赫尔(Clark Hull)。

在二战期间,沙赫特在航空医学实验室进行了短暂的视觉研究,之后他发现自己更喜欢研究需要迫切解决的社会问题。因此,他在 1946 年去了麻省理工学院和著名的社会心理学家库尔特·勒温(Kurt Lewin)共事,主要对社会问题进行理论和实践研究。1947 年,勒温去世,群体动力学研究中心搬到了密歇根大学,沙赫特于 1949 年在密歇根大学获得了博士学位,导师是著名社会心理学家费斯汀格。

他博士毕业后的第一份工作在明尼苏达大学。1961年，沙赫特到了哥伦比亚大学，一直工作到1992年退休。1997年6月7日，沙赫特由于结肠癌逝世于纽约的东汉普顿，享年75岁。

沙赫特的研究领域非常宽泛。不仅包括归因、沟通和社会影响、群体过程、合群动机、情绪本质等社会心理学的基本问题，还包括犯罪、肥胖、饮食障碍、出生顺序、尼古丁成瘾等心理健康领域的内容。有研究者主张把沙赫特称为现代健康心理学的奠基者，应该是实至名归。同时，他还对股市中的突发事件、投资者心态等课题进行过独特的研究。很少有社会心理学家能够跨越如此多的研究领域，并且都做出了卓越的贡献。

1969年沙赫特获美国心理学会颁发的“心理学杰出专业贡献奖”，1976年当选为美国艺术与科学院院士，1983年当选为美国国家科学院院士，被公认为是20世纪最著名的100位心理学家之一，排名第七位。难能可贵的是，沙赫特虽然在学术上颇有建树，但为人却非常谦逊和低调，极富人格魅力，幽默且健谈，思想含蓄、深刻。他不仅享受娱乐，也享受工作。

## 一、沙赫特心理健康研究的实验背景

沙赫特曾和费斯汀格等一起研究了麻省理工学院中已婚学生的社会影响。他们发现，人们会以非常不同的角度定义同一个客观场景，这依赖于他们和持哪种观点的人接触。另外，他们还发现，在决定和谁交流时，物理距离和心理距离非常重要。沙赫特的博士论文《偏离、拒绝和沟通》受此项研究的启发，进一步考察了社会影响的作用，至今仍是社会影响实验研究中的范例。毕业后，他还把博士论文中的实验技术借鉴到合群关系研究中。一个最有趣的研究结果是，情绪有时是认知构建产生的，而不是直接通过刺激情景诱发产生的。即解释性过程是情绪体验的基础。

沙赫特在情绪研究中一个更为重要的发现是关于归因的概括化过程。对于某人的情绪和行为的归因，并不像人们以前所认为的是一个客观的事情，而是一个非常主观的过程。人们可以通过纯生理方法唤起个体，让他们把唤起归因为一些外部根源，例如一些恐惧的社会情景。相反，人们也可以抑制个体，把他们对一个唤起情景正常的情绪反应错误地归因于所服用药物（事实上是安慰剂）的作用。这项研究工作具有重大的现实意义，特别是安慰剂效应在医学、心理健康领域中的应用。

关于情绪的研究工作引发了沙赫特涉及心理健康三个方面的奠基性研究。

首先，沙赫特等人（1964）研究了反社会个体。结果发现，反社会个体比正常个体有更高的持续唤起水平。

其次，沙赫特等人（1968）还开展了另一项创造性的研究工作，他们认为，生理唤起的症状可以和许多情绪状态联系起来，甚至可以解释为有机体状态（这个状态可能不是情绪），例如饥饿信号。如果一个个体经常把唤起解释为饥饿信号，即使他们在一般的压力生活中，也可能会成为过度肥胖的人。沙赫特认为，肥胖不是因为食物剥夺引起的饮食行为造成的，而是因为外部线索，例如食物的味道和易得性会诱发饮食行为。

最后，沙赫特和他的学生（1978）还研究了尼古丁成瘾的一些基本特征。在一个双盲实验中，沙赫特让被试轮流抽高、低尼古丁含量的香烟，被试报告在低尼古丁周中抽烟数量更多，这一结果表明尼古丁的摄入量是恒定的。更为重要的是，因为尼古丁是一种生物碱，其排泄比例可以通过尿样的 pH 值或酸性程度来确定，通过苏打水或水果汁非常容易控制尿样的 pH 值。沙赫特发现，压力会增加尿样的酸性。当沙赫特减少抽烟者尿样的酸性时,他发现也会减少压力条件下的抽烟行为。

据此,人们根据沙赫特在情绪归因、社会病态、肥胖和抽烟等方面的工作,把他称为现代健康心理学的奠基者。这些领域把社会心理学、人格心理学、认知心理学的研究发现应用到生理和心理健康问题上,很好地体现了跨学科的研究思路和研究视角,在心理学研究中具有重要的方法论意义。

## 二、沙赫特心理健康研究的主要领域

如前所述,沙赫特对心理健康方面的研究是在一系列情绪研究之后展开的。在这个领域他最关注的研究主题包括三个方面:犯罪、肥胖和尼古丁成瘾。

犯罪。反社会个体一般情感冷漠,经常做一些常人不敢想也不敢做的事情。一些研究发现,反社会个体在学习以焦虑为中介的回避行为时比正常人要慢,他们认为反社会个体不会产生焦虑,从而无法对焦虑刺激的相关预警信号做出正常的情绪反应(David Lykken, 1957)。之后,沙赫特和拉坦纳等(1964)进行了进一步的研究,结果发现,不管是注射盐溶液还是肾上腺素溶液,正常个体在学习如何避免惊吓时比反社会个体更容易。沙赫特根据自己的情绪理论(情绪是生理唤起和认知因素相互作用的结果)对这一结果进行了解释。他认为,反社会个体在成长过程中没有学会对自己的唤起进行合理的解释。反社会个体和正常个体对肾上腺素的反应程度可能没有差异,但是反社会个体的行为反应完全由肾上腺素引发,他们对唤起没有一个认知上的合理解释;而正常个体的行为则是由个体自己的认知解释决定的,肾上腺素的唤起反应对正常个体的影响不大。反社会个体在自己的成长过程中没有学会如何解释自己的唤起状态,因此他们的情绪没有起伏。也就是说,他们没有犯罪的情绪动机,如仇恨、愤怒和嫉妒等,也不会产生犯罪之后的情绪体验,例如后悔、害怕、焦虑和恐惧等。因此,他们的犯罪大多不是冲动性犯罪行为。

肥胖。1968年,沙赫特等在社会心理学的顶尖杂志《人格与社会心理学杂志》连续发表了三篇对肥胖研究的成果。

首先,他们考察了恐惧和食物剥夺(内部线索)是否会影响饮食量,发现正常个体在平静状态下比恐惧状态下吃的更多,在食物剥夺状态下比在吃饱状态下吃的更多。可是肥胖者在所有状态下的饮食量基本相同,即恐惧和食物剥夺对肥胖者的饮食量没有影响。沙赫特根据自己的情绪理论解释这一结果,他们认为,肥胖者不能把身体的生理症状标定为饥饿信号,他们饮食的动机不是自己的内部状态,而是食物线索。

其次,他们通过使用医用的钟表(外部线索:"晚餐时间")来操纵一部分被试进入一个就餐情景中,让他们相信已经过了常规的就餐时间;让另一部分被试认为还没有到常规就餐时间。结果发现,当肥胖者知道他们吃饭的时间比常规时间晚时(比他们知道吃饭时间比常规时间早时)吃的更多。但是对于正常被试则没有这种效应。

最后,他们考察并证实了前两项研究成果可以应用到非实验情景下,他们选择了三个情景:宗教禁食、制度性食物的容忍度、时区变化对饮食行为的影响。结果发现,过度肥胖的犹太人更有可能在犹太人赎罪日禁食,过度肥胖的学生更不能容忍宿舍的食物,肥胖的飞行员更容易调整以适应时区变化。

1971年沙赫特在《美国心理学家》杂志提炼了关于肥胖方面的研究成果。他们通过比较来自肥胖人群和肥胖老鼠的结果,发现:(1)肥胖个体会吃更多的味道比较好的食物、更少的味道比较差的食物;(2)肥胖个体每天吃的餐数更少,每餐吃的更多,吃的更快;(3)肥胖个体的反应带有更多的情绪性,当食物比较容易获得时吃的更多,食物难以获得时吃的更少;(4)肥胖者如果预先吃了固体食物之后不会调节他们的食物摄入量,不过如果吃的是流体食物则会调节食物摄入量;(5)肥胖个体不够积极和活跃。他们通过实验研究还发现,肥胖个体:(a)回忆测验的成绩会更好;(b)在复杂的反应时任务中反应更快,错误率更低;(c)更容易分心;(d)当食物线索比较明显时,他们为了获取食物会加倍努力。

尼古丁成瘾。沙赫特等研究者在1977年,以一种超乎寻常的速度和效率连续在《实验心理学杂志》发表了五篇文章,这些实验报告主要考察了药理学和心理学因素在抽烟中的作用。第一项研究考察了重度和轻度抽烟者的尼古丁调节。结果发现,长期的重度抽烟者在抽低尼古丁含量的烟时抽的量更多。这一结果说明,重度抽烟者会调节他们的抽烟频率来保持尼古丁的摄入量。之后他们提出了抽烟频率依赖于新陈代谢和尼古丁的排泄率的假设。药理学的证据表明,尽管尼古丁新陈代谢的速度很快,但还是会有一小部分尼古丁逃脱了分解而通过尿液排出体外。尼古丁逃离新陈代谢的比例依赖于尿液的酸性。尿液的酸性越强,没有被代谢掉的尼古丁量越大。

为了考证抽烟频率和尿液酸性之间相关的假设,沙赫特等研究者在第二项研究中开展了两项实验。结果发现,当抽烟者的尿液呈酸性化时(比碱性化时)抽烟量更大。在接下来的研究中,沙赫特想探查是否存在这种可能:尿液pH值可能是决定抽烟频率心理因素的生化调节器。为了确定这个推理的内在基础,他们考察了重度抽烟者中尿液pH值的影响因素。因为在聚会或压力状态下抽烟量会增加,所以,他们在第三项和第四项研究中考察了这些事件对抽烟和尿样pH值的影响。第三项研究结果发现,聚会确实会增加抽烟量,也会导致尿样中的酸性度增加;第四项研究结果发现,压力或应激会伴随抽烟量的增加,进而尿液酸性增加。考虑到这一系列鼓舞人心的相关结果,沙赫特等研究者又开展了第五项研究,设计了一个实验,考察pH值变化是否为压力—抽烟关系中的有效中介器。他们对压力和尿样的pH值进行独立操纵,如果pH值变化是压力—抽烟关系中必需的中介器,在pH值没有得到控制的高压力条件下比低压力条件下抽烟量更大,在pH值控制在稳定水平时两种条件应该没有差别。另外,如果pH值变化不是压力—抽烟关系中必需的中介器,则不管尿液中pH值的状态如何,高压力条件下比低压力条件下抽烟量都要大。结果他们发现,压力对抽烟的影响只有当尿样中的pH值没有得到有效控制时才会起作用,我们依此似乎可以得出结论,压力—抽烟关系是以pH值变化为中介的。由此,沙赫特认为烟瘾的自我治愈是一个比较普遍的现象。

## 三、对沙赫特心理健康研究的评价

沙赫特在社会心理学研究领域的杰出贡献有口皆碑;在情绪研究领域的创造性见解,也绝对是可圈可点。特别是他提出的情绪双因素理论,是他进行心理健康研究的理论基础。沙赫特认为,情绪是一个情景解释过程,从其他人那里获得线索经常会对情景的解释有所帮助,这个过程决定了人们会体验什么情绪。情绪产生过程是生理唤起、环境因素和认知解释整合的结果,其中认知因素决定了最终的情绪体验。之后,他把这一理论应用到心理健康领域(如社会病态、犯罪、肥胖和抽烟),把心理健康现象上升到理论高度来认识和诠释。这是对心理健康研究的巨大理论贡献,也是其他心理健康研究者难以望其项背的主要原因。

沙赫特在肥胖和成瘾方面的系列研究成果,为后续相关研究树立了样板和标杆。他在上述两个研究领域的特殊贡献可以概括为两个方面,一个是他对原因的探索,另一个是他对治疗的观点。对肥胖和成瘾的原因,他基本上从两个方面进行了分析:一个是内部的生理和心理原因,另一个是外部的环境、线索。他发现正常个体的进食量和自己的生理需求等内部原因有关,而肥胖个体的饮食量和食物的美味程度、易得程度、供给时间等外部线索有关。对于抽烟成瘾者而言,抽烟量会受到外部压力的影响,同时他还发现这种外部压力是通过调节尿样 pH 值的变化来影响抽烟量的,即 pH 值的变化是压力—抽烟关系的中介器。除此之外,他还发现肥胖者和抽烟成瘾者的自我治愈率比常识要高。这同时把他造就成了现代健康心理学的奠基人之一,在这一领域中很多研究都和沙赫特的实验工作分不开。

目前,心理健康研究领域已经有了很多新的特征,但是,沙赫特所倡导的很多研究思路依然是这一领域的主流,尤其是他提倡的严格设计"控制条件"的思想,这一思想让人们可以非常细致地考证理论假设,对理论的发展大有裨益。随着心理健康领域的发展,这一思想还会得到长期的应用。沙赫特这种把巧妙研究设计与理论、现实问题(如心理健康问题)结合起来的研究非常值得人们深思和借鉴。此外,沙赫特在心理健康理论方面的认知与建树也是非常突出的,他的理论不求大,不求能涵盖许多心理现象,只求在某个范围内具备较强的解释力和预测力,比较容易修订和发展。社会学家罗伯特·莫顿(Robert Merton)把他的这种理论称为"中观理论"(theories of the middle range)。这种构建理论的风格到目前在心理学领域还是比较盛行,虽然人们亦不能武断地说这种构建理论的方式是最优的,但是人们亦不能否认它是一种比较重要和有效的理论构建方式。

毫无疑问,沙赫特首先是一位卓越的社会心理学家,其次才是一位健康心理学或现代心理健康研究的奠基者。这正应了中国人的一句古话"有意栽花花不发,无意插柳柳成荫"。

# 04　马斯洛：人的心理健康即自我实现的人

亚伯拉罕·马斯洛（Abraham Maslow，1908—1970）是一位具有国际影响的美国心理学家，是人本主义心理学的创始人和代言人。他于1908年4月1日出生在美国纽约市布鲁克林的贫民区。父亲是一位俄罗斯裔的犹太人，脾气暴躁，经常酗酒，母亲对孩子也缺乏热情。作为七个孩子中的长子，说马斯洛从小生活在一个缺乏爱的家庭中并不为过。

马斯洛18岁进入纽约市立大学学习法律，但他对此毫无兴趣，后转入康奈尔大学，仍不满意。1928年圣诞夜，马斯洛和心仪的表妹结婚，婚后进入威斯康星州立大学主修心理学并辅修生物学和哲学。在这里，他很快成长为一名非常优秀的学生，赢得了很多老师的喜爱，获得了强烈的归属感。他在本科期间一共发表了六篇论文，主要研究猴子的学习过程和狗的厌恶情绪。1934年马斯洛从威斯康星州立大学博士毕业,导师是著名的行为主义心理学家哈洛(Harry F. Harlow)。毕业后受到在哥伦比亚大学工作的桑代克(Edward Lee Thorntikc)赏识,聘为研究助理。遗憾的是,他对桑代克的研究课题不感兴趣,桑代克并没有因此责怪他,而是告诉他可以去做自己喜欢的研究,只要按时来领薪水就可以了。

一年半后,马斯洛在布鲁克林学院(Brooklyn College)谋到一份教职。在这里的14年,马斯洛初步形成了自己的人本主义理论,最重要的成果就是他在1943年发表的《人类动机论》,提出了"需要层次理论"。1951年马斯洛被聘为布兰迪斯大学(Brandeis University)心理学系的第一任系主任,在他亲力亲为下,于1962年成立了美国人本主义心理学会(American Association of Humanistic Psychology),标志着人本主义心理学的正式诞生,并一直在此工作到1969年。1969年他接受加利福尼亚罗帕克德劳林基金会(the Laughlin Institute in California)的邀请,担任常驻评议员。但不幸的是第二年马斯洛因心脏病突发去世,享年62岁。马斯洛曾担任美国人格与社会心理学会主席,并于1967年当选为美国心理学会(American Psychological Association)主席,被公认为是20世纪最著名的心理学家之一,排名第十位。

作为人本主义心理学家,马斯洛是心理健康理论的积极建设者。他的人本主义心理健康思想包括三个非常重要的组成部分,即需要层次理论、自我实现理论和高峰体验理论。

## 一、需要层次理论

对需要的基本看法。需要是有机体内部的一种不平衡状态,反映了某种客观的要求和必要性,是个体活动积极性的源泉或基本动力。

这种不平衡状态包括生理和心理两方面，个体需要不断努力才能维护平衡状态。虽然人和动物都有各种各样的需要，但人与动物的需要存在着本质区别，不仅体现在需要的内容上，也体现在满足需要的手段上。特别是人具有意识，因此人类的需要及其满足会受到意识的调节和控制。

需要的种类。马斯洛认为人类的需要可以分为两类，一类是基本需要，由于缺乏而产生，因此也被称作缺失性需要。因为体内缺水而产生渴的需要，缺乏稳定的生活保障而产生安全需要。包括生理需要、安全需要、爱与归属的需要、尊重需要。另一类是心理需要，包括认知需要、审美需要和自我实现需要，这类需要主要是因为个体成长所必需，因此又被称为成长需要。从整体来看，前者属于低层次的需要，后者属于高层次的需要。低层次的需要在没有得到满足的情况下很难产生高一层次的需要，但这类需要一旦得到满足就不再具有动机作用；心理需要则属于高级需要，具有较大的个体差异，这类需要主要由实现个体的潜能、超越自我所驱使，因此，这类需要得到一定的满足之后，并不会像基本需要那样丧失动机性质，相反会具有更强的动机性质，促使个体不断地去追求满足。

需要的层次。马斯洛认为人类的需要是按照优势出现的先后或力量强弱排列为等级系统。

一是生理需要，指维持个体生存和种族发展的需要，是人的各种需要中最原始、最基本、最需优先满足的一种；

二是安全需要，对稳定、安全、秩序、保障及免受恐吓、焦虑和混乱折磨等的需要。安全需要是在生理需要相对满足后出现的，它同样可以支配个体的行为；

三是爱与归属的需要，这是个体对于友情、家庭的需要，对受到组织、团体认同的需要；

四是尊重的需要,指个人对自己尊严和价值的追求。包括两个方面,一是希望得到别人对自己的尊重,一是个体自己对自己的尊重;

五是自我实现的需要,即个体实现自己的理想、抱负,充分发挥自己的潜能,成为所期望的人物的动机。

高级需要与低级需要之间的关系。马斯洛认为,不同的需要之间存在着不同的等级关系,低层次需要是高层次需要的基础。一般来说,只有当低层次需要获得一定的满足之后,高层次的需要才会出现,而且各层次需要的产生和个体生长发育密切相关。

## 二、自我实现理论

马斯洛从积极的角度定义心理健康,即自我实现的人。马斯洛对于自我实现的人的研究始于满足自己的好奇心,他非常希望了解自己所崇拜的两位著名教授,即韦特海默和本尼迪克特。究竟是什么原因促使这两位教授如此出类拔萃。他收集了这两个人的大量资料并对其个性加以比较研究,得出了非常令人振奋的结果,他发现这两位成功者并不是完全不具有可比性的,他们之间存在着很多的相同之处。随后马斯洛又收集更多他认为属于自我实现的个体来对所得到的结果加以确认,最终提出了自我实现理论。

自我实现的概念。究竟什么是自我实现?马斯洛认为,自我实现就是一个人力求变成他能变成的样子,“一位作曲家必须作曲,一位画家必须绘画,一位诗人必须写诗,否则他始终无法安静。一个人能够成为什么,他就必须成为什么,他必须忠实于他自己的本性”。具体来说,自我实现包含两层含义:一是完美人性的实现,即作为人类共性的潜能的自我实现,包括友爱、合作、求知、审美、创造等特性或潜能的充分展现;二是个人潜能的实现,指的是具有个体差异的每个个体的个人潜能的自我实现。

自我实现者的人格特征。马斯洛通过对历史上以及他所处时代的一些著名学者、文学家、艺术家和政治领袖进行大量个案研究，并借助抽样调查对大学生进行研究，概括出自我实现者15种人格特征：对现实更有效的洞察力和更适意的关系；对自我、他人和自然的接受；行为的自然流露；以问题为中心；超然独立的特性，离群独处的需要；意志自由，对于文化与环境的独立性；欣赏的时时常新；神秘体验与海洋感情；社会感情；自我实现者的人际关系；民主的性格结构；区分手段与目的；富有哲理的、善意的幽默感；创造力；对文化适应的抵抗。

他认为，自我实现者并非都能做到上述各种特点。自我实现的人也有缺陷，并非十全十美。有时他们会显得顽固，有时又冷静得近于无情冷酷，他们也有罪恶感、焦虑、自责。但他们能够自觉地克服自己的弱点和不足之处，使自己更加接近完善的人性，更加充分地发挥自己的潜能。这些人虽然在人群中是少数，但是自我实现是人类和人性发展所能达到的状态，是人性发展的方向。

自我实现的类型。马斯洛认为自我实现可以区分为两种不同的类型。(1)健康型自我实现。这一类的自我实现者更加实际、现实、世俗而且更加能干，他们更像是入世者，以非常实用的态度待人接物和处理问题。(2)超越型自我实现。这类人更经常意识到内在价值，生活在存在水平或目的水平且具有更丰富的超越体验。

自我实现的途径。马斯洛提出了八条通往自我实现的途径：

一是充分、忘我、集中全力、全神贯注地体验生活，全身心地献身于事业；在这种时刻，体验者完完全全地成为一个人，这种时刻就是自我实现的时刻，表达这种体验的关键词是“忘我”。

二是生命是一个连续不断的选择过程，每一次选择都有可能前进，也有可能倒退，为了自我实现人们应该做出成长的选择而不是畏缩的选择。

三是承认自我存在,让自我显露出来。马斯洛认为,我们绝大多数人,特别是儿童和青年,不是倾听自己的声音,而是倾听父母、权力机构、权威人物的声音,这样做会逐步地丧失自我,更谈不上实现自我。

四是在“拿不准”的时候,要诚实,不要隐瞒、不要装模作样,要有反省自问的责任心,每一次承担责任,都是自我的一次实现。

五是上面提到的不带自我意识的体验、做出成长性的选择、倾听自己内心的声音、诚实并勇于承担责任都是迈向自我实现的步骤,从这些细微的小事做起,就会对自己的生活做出更好的选择。

六是自我实现不仅是一种终极状态,也是随时随地、点点滴滴地实现个人潜能的过程,自我实现虽然并不一定是要做大事情,但意味着要发挥自己的聪明才智,需要经历一个艰苦、勤奋的准备过程。

七是高峰体验是自我实现的短暂时刻,这种时刻无法确保一定会出现,也不可能可以寻求,但可以创造条件使得高峰体验发生的可能性提高。

八是放弃去神圣化的防御机制,学会“再神圣化”,重新愿意从“永恒的方面”看待人,能看到神圣的、永恒的、象征的意义,发现自己的天性,使其不断地成长,促进自我实现。

## 三、高峰体验理论

高峰体验的概念。这是马斯洛 1962 年在《存在心理学探索》一书中提出来的一个重要概念。指人在进入自我实现和超越自我状态时所感受到的一种非常豁达与极乐的瞬时体验。自我实现是对人的本性的实现,是人与自然的统一和融合,因此,高峰体验也是个体回归自然与自然彻底融合时的同一性感受和极度快乐的情绪体验。这些体验包括:神秘体验、宇宙意识、海洋体验、审美体验、创作体验、爱情体验、父母情感体验、性体验、顿悟体验等。

马斯洛认为，这些体验都存在着交叉和重叠，具有相当程度的类似性，甚至具有同一性。大多数高峰体验主要是一种情绪体验，但也有少部分的高峰体验除了包含情绪体验之外，还包括存在认知，前者被称为狭义的高峰体验，后者被称为广义的高峰体验，即情绪体验和存在认知(being cognition)的复合状态。高峰体验并不神秘，例如一位家庭主妇在宴会顺利结束，最后一位客人告别离去后，坐在椅子上，想到自己度过了一个非常愉快的夜晚，所体验到的兴奋和幸福。

高峰体验的特点。马斯洛认为高峰体验具有以下特点。突然性：高峰体验的出现往往是突然的，无法预料的，所以经常会给个体一种“喜出望外”的感觉。强烈性：高峰体验的感受非常强烈，会使得个体有一种欣喜若狂、如痴如醉的感觉，几乎达到一种忘我的境界。完美性：高峰体验会使个体进入一种最佳的状态，感觉自己更聪明、更富有智慧、更富有魅力，犹如步入了天堂，达到了完美的状态。短暂性：高峰体验虽然完美，但时间却非常短暂，稍纵即逝，而高峰体验给个体带来的影响却可以长期存在。普遍性：高峰体验不是自我实现者所独有的特征。

高峰体验的价值。高峰体验对于自我实现具有重要的意义。

首先，高峰体验是自我实现者的重要特征。一方面，自我实现者能更多地体验到高峰体验；另一方面，高峰体验更为具体地表现了自我实现的时刻。在高峰体验时刻，个体能够成为更真实的自己，能够更完全地实现自己的各种潜能，更加接近他们自己的存在状态，更加充分地表达了他们的真实人性。

其次，高峰体验也是个体获得自我实现的重要途径。自我实现并不是一个终止的状态，而是一个连续不断的发展过程，在自我实现的过程中每一步都可能出现高峰体验，促使和激励人们不断地追求自我实现,超越自我,达到更多的自我实现。

## 四、对马斯洛心理健康思想的评价

马斯洛对心理健康理论建构有重要贡献。他的心理健康思想建立在其自我实现理论的基础上。在他看来,心理健康就是人性的丰富实现即自我实现,心理疾病则是人的基本需要或自我实现的受挫与失败。因此,心理咨询与治疗的过程就是帮助患者步入自我实现的轨道。

马斯洛创立了心理学的"第三思潮",影响深远。虽然很多研究者把马斯洛的理论大体分为需要层次理论、自我实现理论和高峰体验理论三部分,但从整体上来看,需要层次理论的出发点是自我实现,而且又为自我实现的地位、条件服务,而高峰体验论更是很明显地从属于自我实现理论,因此,马斯洛的理论实际上就是自我实现理论。

马斯洛的自我实现理论,改变了心理学长期以来只重视对病人和病态的研究,以对健康人的研究为出发点,着眼于人性美好的一面,开创了以研究人本性、潜能、经验、价值、创造力及自我实现为主要内容的人本主义心理学。马斯洛等人本主义心理学家对人类的这些积极品质的关注不仅对现代心理学的发展产生了重要的影响,使得更多的研究开始关注人类的这些积极品质,而且对积极心理学的兴起产生了非常重要的影响,可以看作是积极心理学的一个非常重要的理论渊源。

对马斯洛自我实现理论的批评中很重要的一点就是认为他所采用的研究方法缺乏科学性。追求科学性无可厚非,但不能把对科学的追求和对科学方法的追求完全等同起来,这一点,马斯洛在《动机与人格》一书中已经有所提及。对不同的研究方法,人们应该秉持更为开放的态度,这样有利于创造性的发挥和原创性成果的涌现。因此,我们不能因为马斯洛所使用的研究方法而质疑其理论的创造性和价值。诚如英国著名作家柯林·威尔森(Colin Wilson)也是马斯洛传记作者所言:"马斯洛去世已有四分之一多世纪的时间了,他的名誉和声望至今都没有任何下降的迹象。在我看来,它意味着马斯洛时代还未到来,他的学说和理论的重要价值属于未来的时代,在即将到来的21世纪,他们的意义将淋漓尽致地展现。如果现在需要解释什么是马斯洛的主要贡献的话,我会说,这个贡献就是自弗洛伊德之后,马斯洛对人性做了最重要的描述。……当马斯洛强调指出,所有健康的人都会有高峰体验,这些体验并不高深和'神秘',而是人们生活的普通组成部分,他就为洞察人性提供了一个新视角。"毫无疑问,时间会最终证明马斯洛理论的伟大之处和对人类的巨大贡献。

总之,马斯洛的童年可以说是不幸的,但成年后的他似乎是幸运的。特别是他得到了很多心理学大家的欣赏和无私帮助,最终成为心理学史和人类思想史上的一位伟大的人物。

# 05　奥尔波特:健康人格心理学的拓荒者

戈登·W.奥尔波特(Gordon Willard Allport,1897—1967),1897年11月11日出生于美国印第安纳州蒙特苏马的一个小镇。父亲是一名居家行医的内科医生,母亲是一名小学教师和虔诚的教徒,父母和家庭环境培养了他博爱、有责任心和爱思考爱劳动的特点。奥尔波特认为正是童年的经历,使他终生不渝地关心人类福祉,投身人本主义心理学研究。

奥尔波特在克利夫兰接受了中学教育,虽然在同年级的100个学生中排名第二,但他并不认为自己具有卓越的创造力。1915年他考入哈佛大学,主修哲学和经济学,选修心理学和社会伦理学,后者对他产生了深远的影响。1919年,奥尔波特以优异成绩获得文学学士学位,毕业后在土耳其伊斯坦布尔的罗伯特大学教授英语和社会学。1920年回到哈佛,1921年获得文学硕士学位,1922年获得心理学哲学博士学位,他撰写的博士论文是《适用于社会诊断问题的人格特质实验研究》。从选题看,奥尔波特远离了当时占主流地位的精神分析,而是讨论了尚处于萌芽阶段的特质理论,这也许是美国大学第一篇关于此主题的论文,也注定他将成为一名拓荒者。从1924年起,奥尔波特开始在哈佛大学任教,开设了美国最早的人格心理学课程。此后,除了1926年到1930年在达特茅斯大学作为助理教授外,他的整个学术生涯都是在哈佛大学度过的,其学术资历发展脉络为1930—1936年任助理教授,1936—1942年任副教授,1942—1967年任教授。

奥尔波特一生都致力于改进关于"人是什么"的概念。他于1937年出版的《人格:一种心理学的解释》(*Personality: A Psychological Interpretation*)成为人格心理学独立的标志;1961年出版了他关于人格最重要的著作《人格的类型和成长》(*Pattern and Growth in Personality*)。其他论著还包括《个人与信仰》、《偏见的本质》和《谣言心理学》等。

奥尔波特在有生之年曾获得过许多荣誉。1939年,他当选为美国心理学会主席;1963年,他荣获美国心理学会金质奖;1964年,他荣获美国心理学会杰出科学贡献奖。1967年10月9日,奥尔波特因肺癌去世,距他70岁的生日还差一个月。

## 一、奥尔波特建构人格理论的背景

奥尔波特反对精神分析过于强调无意识,他认为一个健康人具有理性观念和意识功能,他们活动的力量完全是能意识到的、可以控制的,而潜意识只有对偏态、变态的人才会发生作用。奥尔波特也反对精神分析以病态人格作为主要研究对象的做法,在他眼里正常与不正常并非是连续的序列,而是截然不同的类型。因此,奥尔波特选择健康成人作为主要研究对象,很少涉及精神病人,他的人格理论体系是面向健康人的。奥尔波特还反对精神分析对童年经验的夸大,他强调的是当下,是此时此刻的影响。尽管他同意弗洛伊德的本能对幼年期的行为动机有相当的解释力,但他不相信本能论可以解释变化的、即时性的大多数成人的动机。这是奥尔波特建构健康人格理论的认知基础。

奥尔波特的健康人格理论得以形成,还源于他对早期行为主义的批判。行为主义作为一种刺激—反应心理学,将人格视为一切动作的总和,是各种习惯的最后产物,这点为奥尔波特极力反对。他拒绝将人看作一个纯粹的"反应"机器,相反,他认为人类可以更为积极,在很大的程度上是主动的,是受到自己的意图和价值观所驱使的。虽身处行为主义关于机械、被动和回归驱力的观点盛行的年代,奥尔波特仍坚持认为意识是心理学研究的主要目标,特质是人格的元素。行为主义认为个体行为仅产生于很少几种基本的内驱力或需求,而奥尔波特提出的动机的"机能自主"则打破了这样的信念,他重视自我的功能,并提出自我发展的阶段理论。这是奥尔波特建构健康人格理论的行为基础。

此外,奥尔波特深受"美国心理学之父"威廉・詹姆斯(William James)的影响,他从詹姆斯那里继承了人文主义和折衷主义,不但关注自我,关注意识,在解释不同层面的心理状态时,还应用各种心理学理论,博采众长,甚至能应用哲学和文学的材料。奥尔波特的健康人格理论还得益于早期形成的人本主义、存在主义和格式塔心理学的影响,强调人的潜能发展,人的独特性、尊严与价值,强调此时此地对人的影响;强调整体和意识经验,关注现象场,重视对现象场的直接描述,反对任何将整体拆分成部分的还原主义研究趋向。毫无疑问,奥尔波特从中汲取了自己理论建构所需的各种养料。

## 二、奥尔波特的健康人格心理学

对人格的界定。奥尔波特在追溯人格术语历史后，又诠释了在神学、哲学、心理学、法律、社会学等领域的49个人格定义，然后提出了自己的第50个定义。他在1937年的《人格：心理学的解释》一书中，给出了后来得到多数心理学家推崇的定义，“人格是个体内部决定个人独特的顺应环境的心身系统中的动力结构”。后来在其1961年的《人格的类型与成长》一书中，又把上述定义中的“决定个人独特的顺应环境”改为“决定具有个人特质的行为和思想”，进一步说明了人的行为不仅仅是适应环境，而且影响环境，使之适应人们的需要。奥尔波特的这个定义，强调了人格的独特性，世界上绝不会存在两个完全相同的人，了解某个特殊个体的唯一途径就是研究这个特殊的人；同时也强调了人格的整合性，人格是一个心身系统，并具有推动和引领个体行为的动力作用。于是，注重研究个体而不注重研究制约人类的规律，成为贯穿于奥尔波特研究活动始终的主题。

人格的发展阶段。奥尔波特的人格发展阶段观点就是他所提出的关于自我统一体的形成过程。他把人格定义为一种“动力组织”，并把它命名为“自我统一体”，即人们认为生活中那些温暖的、核心的和重要的行为和特征。自我统一体是人格统一的根源，是人格特质的统帅，包括个体认为对自我认同和自我提高至关重要的那些生活组成部分，也包括一个人的价值观以及与个人信念一致的、属于个人所有的良知。他认为，完善的自我统一体机能即人格的发展阶段，从出生到成年，需要经历八个阶段的发展才能实现：躯体自我感（1岁）；自我认同（2岁）；自我增强（3岁）；自我延伸（4岁）；自我映像（4—6岁）；理性运用者（6—12岁）；追求自我统一体（12岁至青春期）；理解者自我（成年）。

健康人格的基本观点。奥尔波特对人本主义和心理健康个体的关注先于马斯洛。他强烈主张健康成人的人格原则,不能由动物园、儿童、过去或精神病患者的研究引申而来,所以他研究了大量机能成熟的健康成年人,提出了健康人格的六个标准,其观点与人本主义自我实现的观点十分相似。事实上,奥尔波特也在用另一种方式表达着自己就是一个心理健康的成年人。

(1)自我扩展的能力。健康的成人有很多朋友和爱好,积极参加各种社会活动,范围极广。他们不以自我为中心,积极参与解决一些与自己无关的问题和活动。他们对工作、游戏与交往有非自我中心的兴趣,并且家庭、社会和精神生活对他们很重要。

(2)与他人关系融洽。健康的成人有能力与他人建立亲密的关系,富有同情心和友爱,没有占有欲和嫉妒心,能宽容自己与别人在价值观上的差异。尊重别人,有健康的性态度,不会为了自己的满足而侵犯他人的权利。他们能够对他人表现出温暖、理解和亲近,可以容忍别人的不足与缺陷。

(3)情绪上有安全感或自我认可。健康的成人能忍受生活中不可避免的冲突和挫折,经得起各种不幸的遭遇。能耐受恐惧和不安全的情绪冲击。并且,健康的成年人具有一个积极的自我映像,可以接纳自己的各个方面,不受消极情绪的支配,能保持乐观的态度。

(4)具有现实的知觉。健康的成人能够准确、客观地理解现实、接受现实,并不是根据自己的期望去看待事物。

(5)良好的自我意识。健康的成人对自己的优缺点十分清楚,能准确把握自己的现实自我与理想自我,知道自己有什么、缺什么,能调整其相互关系。他们无须将自己的过失或弱点归咎于他人,知道自己心中的自己与别人眼中的自己之间的差异。并且,健康的人还有幽默感,能自嘲,很少靠攻击或性方面的话题引人发笑。他们能觉察生活中不和谐的事情，无须伪装或者故作姿态。

(6)统一的人生哲学。健康的成人有明确的人生目的。他们着眼于未来，对工作有使命感，而且全身心地投入工作。

## 三、奥尔波特健康人格理论的贡献与局限

奥尔波特对人本主义心理学做出了杰出贡献。他认为自我是个体人格一致性、动机、记忆连续性的基础，这种自我心理学与弗洛伊德以患者和病人为研究对象，以探索潜意识为主的观点完全不同；他强调以健康成年人为研究对象，强调研究意识、动机，重视生活目标和意义的追求，强调促进个人价值观的建立。反对美国主流心理学中非人化和生物主义的情绪，为构建人本主义心理学理论奠定了基础。人本主义心理学能发展成为脱离精神分析传统，又与行为主义对立的心理学的第三势力，奥尔波特功不可没。

奥尔波特奠定了人格心理学在心理学大家庭中的地位。在奥尔波特之前，很少有心理学家能够像他那样对人格定义的表述字斟句酌，对以前人格定义的分类进行深入研究，竭尽全力地全面透视人格理论。他认为人格是心理学理所应当的研究主题。奥尔波特是美国第一个开设人格心理学课程的心理学家，也是美国第一部人格心理学教科书的作者。在他的著作中，所表现出来的清晰的思维、精练的语言，成为未来理论家效仿的典范。特别是在1929年第九届国际心理学大会上，他发表了《什么是人格特质》的论文，提出将特质作为人格的基本单位。他的理论观点对于后来的人格心理学研究，如五大人格、卡特尔的16PF等等，都有着重要的影响。

必须承认，奥尔波特的理论没有将许多已知的有关人格的知识整合进来，也没有对无意识动机驱动的行为、次级驱力所激发的行为做出足够的解释；他对人格的理解只是一个狭窄的角度，即仅仅对几种

动机做出了解释。虽然他充分描述了心理健康成人的机能自主动机，但是他并没有对儿童的动机、神经症和精神病患者的动机做出解释，也没有对普通成年人的动机做出分析。他没有分析神经症和精神病患者的动机是如何形成的，也没有讨论什么会妨碍一个人成为心理健康的人，没有提出如何能够成为机能自主的人。虽然他勇敢地反对精神分析和行为主义是值得肯定的，但是有些观点确实过于偏颇。

(1)把人和动物、常态和变态、儿童和成人完全对立起来，对于它们之间的连续性和同一性则缺乏研究。可以说，他割裂了它们的关系。

(2)过于强调人格的独特性，忽视了人的共同性和普遍性。有人批评他不是一个科学家，因为科学家通常会用共同规律的研究方法去发现普遍的规律，而奥尔波特过于强调个案法，过于强调探寻特殊性。

(3)过于强调意识和人格健康，忽视了潜意识和病理性人格，过分强调内在因素对行为的影响，忽视外在环境对行为的作用，忽视了人格的社会根源。

尽管奥尔波特的人格理论观点有其瑕疵，人们依然对于他当时敢于对抗心理学中第一势力的行为主义和第二势力的精神分析，表达深深的敬意。他与马斯洛、罗杰斯、罗洛梅、布根塔尔一道建构了心理学的第三势力——人本主义心理学，创立了健康人格心理学，这是他在弘扬人类尊严和价值方面做出的重要贡献。

# 06 埃里克森：自我认同与心理社会性发展理论

埃里克·H. 埃里克森(Erik Homburger Erikson,1902—1994)是著名的美国人格发展心理学家,新精神分析学派代表人物。1902年出生于德国,祖籍丹麦,1939年加入美国籍。他是个私生子,生父是丹麦人,继父是德国人。

与很多心理学家不同,埃里克森早年没有受过正规大学教育。18岁高中毕业后,他违背继父要他成为一名医生的愿望,游学欧洲并"寻找自我",曾先后两度进入艺术学校学习,但都没毕业就放弃了。1927年,埃里克森应同学之邀到维也纳的一所小学担任美术教师,因此结识了弗洛伊德的女儿安娜·弗洛伊德。在维也纳的六年,是他重要的人生转折期。这期间埃里克森除了获得精神分析的训练,建立系统的弗洛伊德思想体系外,还谋到了一个心理分析师的职位,被吸纳为国际精神分析协会的常规会员,从此迈入精神分析这扇玄妙而深奥的大门。1933年至1950年是埃里克森人生的第三个阶段,也正是在这个阶段,他逐渐形成了心理社会性发展阶段理论。1936年至1939年,埃里克森在哈佛医学院神经精神病学系任研究员,并被录取为心理学哲学博士候选人,但几个月后他又放弃了。1939年至1944年,埃里克森参加了加利福尼亚大学伯克利分校儿童福利研究所有关“儿童指导”的纵向研究,这项研究涉及人生各发展阶段冲突的解决以及儿童游戏的性别差异等。从1942年起,他一直担任该校的心理学教授。

整个50年代是埃里克森生命的第四个阶段。1950年,埃里克森离开加州,同年出版著作《童年与社会》,该书论述了心理社会性发展理论。1951年至1960年,他居住在马萨诸塞州的斯多克桥,在奥斯丁—里格斯中心(Austin Riggs Center)(情绪紊乱青少年治疗中心)任高级教员,并在匹兹堡大学医学院讲授精神病学课程。1960年至1970年是埃里克森人生发展的第五个阶段,这期间他被聘为哈佛大学人类发展学和精神病学教授,讲授“人类生命周期”课程,直至1970年退休。

埃里克森的主要贡献是首创“自我认同”(identity)(也译作“自我同一性”)概念,被称为“自我认同研究之父”。他以自我心理学和心理社会性发展理论闻名于世,尤其是针对“自我认同对角色混乱阶段”的系列研究影响深远。代表性著作有《童年与社会》(*Childhood and Society*)、《青少年与自我认同危机》(*Identity:Youth and Crisis*)等。

## 一、埃里克森心理社会性发展理论的背景

埃里克森的身世、成长经历、人格特质、所处的社会环境以及学术背景等因素对其观念、学说、思想的形成影响深远。在他3岁时,母亲与当地的犹太儿科医生西塞多·洪伯格(Hongburg)结婚。在学校里

他被认为是犹太人，在继父所在的教堂里，他又被视为异类。他的青春期正值一战爆发，作为德国人的埃里克森深为自己究竟该忠于德国还是丹麦感到困惑。出身、种族、宗教文化等问题困扰着这一时期的埃里克森，使他经历了人生第一次角色混乱，也促使他格外关注“我是谁?”“我从哪里来?”“我将往何处去?”这类自我认同问题。埃里克森在1968年至1975年先后发表了三个版本的自传体小说，称自己生命的前25年里经历着信任对不信任，自我认同对角色混乱的危机。后来埃里克森提出并一直关注“青少年自我认同危机”可能与这段经历有关。1927年，25岁的埃里克森在安娜·弗洛伊德的邀请下，在维也纳一家新式学校进行儿童教学工作。这一时期对埃里克森非常重要：

第一，他系统地学习了弗洛伊德的理论，并有机会了解新精神分析代表人物如哈特曼(Hartman)、沙利文(Sullivan)等有关自我心理学的主要理论；

第二，安娜的精神分析理论与他父亲的理论不同，在诸多方面都有独特建树，对埃里克森产生了深刻影响。

1936年至1939年，他因研究正常儿童和情绪紊乱儿童，结识了一批有名望的人类学家，如露丝·本尼迪克特(Ruth Benedict)和玛格丽特·米德(Margaret Mead)。1938年，在两位文化人类学家的帮助下，实地考察和观察了苏语印第安人抚育子女的情况，并对当地儿童首次进行了文化对心理发展影响的研究。这些经历，为他日后的心理社会性发展理论准备了条件。

埃里克森的心理社会性发展理论建立在弗洛伊德精神分析的基础上。作为新精神分析学派的代表人物，他的心理社会性发展理论仍强调生物因素的重要性，但与弗洛伊德不同，埃里克森的心理社会性发展阶段则包括整个人生周期。同时，埃里克森虽然仍强调潜意识的重要作用，但与弗洛伊德不同，他不是简单地把自我看成是本我和超我的奴仆,而是强调自我的作用,把自我看成人格中一个相当有力的独立部分。他认为自我的作用是建立人的自我认同感以及满足人控制外部环境的需要。当人缺乏自我认同感时会感到混乱和失望,从而产生自我认同危机。自我认同对个体保持心理健康有着重要意义。

此外,埃里克森强调的精神分析治疗目的与传统精神分析不同。他把成功地在人生八个发展阶段中获得希望、意志、目的、能力、忠诚、爱、关爱和智慧等美德的人看作健康的人。如果没有获得这些美德,那他们的自我就会比健康人的自我更加脆弱,帮助提供形成这些美德的各种条件正是治疗者的职责。可见,美德在形成健康心理中发挥着重要作用。在他看来,治疗过程的关键是增强病人的自我,使其能达到处理生活问题的程度。虽然埃里克森谦虚地称自己是在弗洛伊德理论的"磐石"上创建了以自我认同概念为核心的生命周期理论,但毫无疑问,他发展了弗洛伊德的理论,当之无愧地成为现代心理学界最有成就的精神分析学家。

## 二、埃里克森心理社会性发展理论的要素

埃里克森提出的心理社会性发展理论,蕴含着丰富的心理健康教育思想。他认为健康人的一生是一个自我意识持续发展的生命周期,从婴儿期到老年期,分为八个发展阶段。这八个阶段的顺序是由遗传决定的,但每个阶段能否顺利度过却由环境决定,因此他的理论又被称为"心理社会性发展理论"。他认为,每个阶段都有特定的危机解决任务,危机的积极解决能够增强自我力量,形成积极品质,使心理健康发展,有利于个体对环境的适应。同时,每个阶段都是建立在上一阶段危机解决的基础之上,前一阶段危机的成功解决会扩大后一阶段危机解决的可能性。因此,危机的顺利解决是心理健康发展的前提,心理健康教育的任务就是在每个阶段发展该阶段的积极品质,避免消极

品质。埃里克森的心理社会性发展八个阶段理论,为各个年龄阶段的心理健康教育提供了理论依据和实践方向。

埃里克森认为生命是由出生到死亡八个阶段组成,划分的依据是机体成熟、自我成长和社会关系三个不可分割过程的演化,这些阶段是以不变的顺序展开,将生物的、心理的与社会的因素结合起来,形成既分阶段又有连续性的心理社会性发展过程。从这八个阶段中既可看出自我的形成与社会文化因素的关系,也能窥见自我与社会生活在个体心理发展中的作用。

第一阶段:婴儿期(0—1岁)。获得信任感克服不信任感阶段。此阶段婴儿对母亲或其他代理人表示信任,婴儿感到所处的环境是个安全的地方,周围人是可信任的,由此就会扩展为对一般人的信任。如果这一阶段的危机成功解决,就会形成希望的美德;反之,则会形成惧怕。

第二阶段:童年早期(1—3岁)。获得自主性而避免羞愧怀疑阶段。此阶段儿童有了独立自主的要求,开始探索周围世界。如果父母及其他照顾他们的成人,允许他们独立去干一些力所能及的事情,并且表扬他们完成的工作,就能培养他们的意志力,使他们获得一种自主感。如果这一阶段的危机成功解决,就会形成自我控制和意志力的美德;反之,则会形成自我疑虑。

第三阶段:游戏期(4—6岁)。获得主动感和克服内疚感阶段。此阶段儿童除模仿行为外,对周围环境及自己的身体充满好奇,如果成人对孩子的好奇心及探索行为不横加阻挠,让他们有更多机会自由参加各种活动,那么孩子的主动性就会得到进一步发展,表现出很大的积极性与进取心。如果这个阶段的危机成功解决,就会形成方向和目的的美德;反之,就会形成自卑感。

第四阶段:学龄期(7—12岁)。获得勤奋感而避免自卑感阶段。

此时,对他们影响最大的不是父母,而是同伴或邻居,尤其是学校中的教师。如果能得到成人的支持、帮助与赞扬,则能进一步加强他们的勤奋感。如果这一阶段的危机成功化解,就会形成能力的美德。反之,则会形成无能。

第五阶段:青春期(13—18岁)。获得自我认同而克服角色混乱阶段。此阶段青少年经常思考"我是谁"。他们从别人的态度,从自己扮演的社会角色中逐渐认识自己。此时,他们逐渐从对父母的依赖中解脱出来,与同伴建立亲密友谊。如果这一阶段的危机成功解决,就会形成忠诚的美德。反之,就会形成不确定性。

第六阶段:成年早期(19—25岁)。获得亲密感而避免孤立感阶段。亲密感在危急情况下往往会发展成一种相互承担义务的感情,它在共同完成任务的过程中建立起来。此阶段如果危机成功解决,就会形成爱的美德。反之,就会形成混乱的两性关系。

第七阶段:成年期(26—65岁)。获得繁衍避免停滞阶段。这一阶段有两种发展可能:一种是向积极方面发展,个体除关爱家庭成员外,还关爱社会上的其他人,以及下一代甚至子孙后代的幸福;另一种是向消极方面发展,只顾自己以及自己家庭的幸福,不顾他人的困难和痛苦。如果这一阶段的危机成功解决,就会形成关爱的美德。反之,就会形成自私自利。

第八阶段:老年期(65岁以后)。获得完善感避免失望感阶段。如果前面七个阶段积极成分多于消极成分,就会在老年期汇集成完善感。反之,就会产生失望感。如果这一阶段的危机成功解决,就形成智慧的美德。反之,就会形成失望和毫无意义感。

在理解埃里克森的理论时,需要注意两个问题:第一,在埃里克森看来,虽然生物基础决定了心理社会性发展八个阶段产生的时间,但社会环境却决定了每个特定阶段危机能否顺利解决。基于这一原因,他把心理发展的八个阶段称为心理社会性发展阶段，以区别于弗洛伊德的心理性欲阶段。第二，埃里克森并不认为解决危机的办法是完全积极或完全消极。相反，他认为危机的解决办法中兼有积极和消极两种因素，有时消极因素也并非毫无用处。只有在有利于解决的积极因素比消极因素所占的比率高时，才能说危机被积极解决了。

### 三、对学校心理健康教育的启示

埃里克森的心理社会性发展阶段理论强调，个体的心理发展是生物因素和社会文化因素共同作用的结果；心理发展在不同阶段面临不同的危机和需要解决的任务；各个阶段的心理发展是一个完整的连续过程，不能孤立看待。这些都是学校心理健康教育的重要理论基础。

心理健康教育必须遵循不同年龄阶段学生心理发展的一般规律。如对待第五阶段青春期(13—18岁)学生，必须注意：

(1)青春期的心理社会任务是建立自我认同和防止自我认同混乱。自我认同贯穿于人的整个心理发展过程，但青春期自我认同的建立最为重要。进入青春期后，青少年就必须对自我发展中的一些重大问题进行思考并做出选择，把他们过去经验和对未来期望以及个人理想和社会要求进行整合。埃里克森认为，自我认同问题是青春期心理发展的核心，反映了青春期心理发展所遇到的矛盾和冲突的内在根源。

(2)青春期是自我认同形成的关键时期。这个阶段青少年处于生理迅速发育成熟和心理困惑阶段，原已出现的自我认同达到发展高峰。埃里克森认为，对青少年的自我成长而言，自我认同形成是一种挑战，无论对求学或是就业的青少年来说都是困难的。进入青春期后，青少年的自我意识开始凸显出两个主要矛盾，即主观自我和客观自我的矛盾、理想自我和现实自我的矛盾。很多青少年因为不能化解这一时期的发展危机,出现自我认同危机。心理健康的青少年化解了危机,形成自我同一感,会产生三方面体验:第一,感到自己是独立而独特的个体;第二,感到自己的需要、动机、反应模式是连续而且可整合的;第三,感到他人对自己的评价和自我的觉察是一致的,自己所追求的目的以及实现目的的手段是被社会所承认的。

(3)这个阶段应多鼓励青少年反省和参加实践活动,通过整合青少年理想自我和现实自我,形成自我同一感。可通过两个过程实现:一是修正、改变理想自我,使之符合现实自我。应鼓励青少年多反省,使其更加清楚地了解自我,这是形成自我认同的前提。二是努力改变现实的自我,使之与理想自我一致。应鼓励青少年多参加实践活动,改变现实自我,使之与理想自我一致,或在实践中修正、改变理想自我,使之符合现实自我。

用发展的观点看待学生的心理成长。埃里克森认为,健康心理是以八个阶段各种危机的积极解决所形成的相应积极品质为特征的。但每个阶段危机解决的结果却不是一成不变的,后面的发展阶段有其自身的相关问题,可以为新的发展和可能结果提供改变的机会。他认为,前一阶段任务完成的好坏,直接影响后一阶段的发展,而后一阶段如果条件好转,也可补偿前面阶段的不足。在某一阶段未获得积极品质的人,还可通过以后的发展阶段逐渐得到补偿。而那些曾经获得积极品质的人,也可能在以后的生活中失掉它。因此,要用发展变化的观点看待个体的心理成长。但这并不意味着各个阶段在心理发展上不重要。恰恰相反,埃里克森一再强调,每个阶段都是不可忽视的,都有相应的重要影响人物,如母亲、父亲、家庭成员、邻居和师生、同伴和群体、朋友、同事和家人。任何年龄段的教育失误,都会给一个人的终生发展造成障碍,自我的发展是持续一生的。

社会文化环境对学生心理健康具有重要影响。埃里克森认为,个体的心理发展是自我与社会文化相互作用的产物，各个阶段心理危机的产生以及危机的解决都与社会文化环境密切相关。在他看来，现代人的一切心理变态都是人的本性需求和社会要求不相适应所致，而人在克服心理与社会的矛盾和危机时，很大程度上是依赖个体的心理社会经验。因此，社会环境决定了各个阶段危机能否得到积极解决。在学生健康心理的形成过程中，不仅应强调其个人的心理发展，还应注重社会文化环境的作用。例如学龄期儿童进入学校后，第一次接受社会赋予他并期望他完成的社会任务，这时影响其心理发展的重要人物已由父母转向同伴、学校和其他社会机构。如果能得到成人尤其是老师对他们在学习、游戏等活动中取得成就的称赞和奖励，他们将以成功、嘉奖为荣，形成乐观、勤奋的人格；反之，如果经常受到呵斥或成就受到漠视，就容易形成自卑感。教师在培养这个阶段儿童的勤奋感方面具有特殊作用。

# 07　艾森克：人格结构观及其启示

汉斯·艾森克(Hans Eysenck，1916—1997)是德裔英国心理学家。1916年3月4日出生于德国柏林的一个声名显赫的家庭。父母都是著名演员，不幸的是在他2岁时，父母离婚，他由住在伦敦的外祖母抚养长大。

艾森克18岁时，由于拒绝加入纳粹组织而无法进入柏林大学。1935年，他进入伦敦大学，并有幸在著名心理学家西里尔·伯特(Cyril Burt)指导下学习。1938年获文学学士学位，1940年获哲学博士学位。之后，艾森克在伦敦附近的米尔希尔急救医院工作，这所医院主要对个人心理问题进行治疗。第二次世界大战结束后，艾森克在莫兹利医院工作。莫兹利医院是英国最为著名的精神健康学培训机构。1947年他成为了莫兹利医院心理学系的系主任。1948年，艾森克加入了伦敦大学的精神病研究所，并筹建了心理学系。之后，他作为英国的一名教授，承担了开创临床心理学的任务，由他创建的心理学系是英国第一个培养临床心理学家的机构，并开发了行为治疗的方法。在英国工作期间，艾森克也是美国宾夕法尼亚大学与加州大学伯克利分校的访问教授。艾森克 1997 年 9 月 4 日因脑瘤病逝于英国伦敦。

艾森克一生勤于著述，在心理学、生物学、遗传学等专业刊物发表过近 700 篇文章，出版了 75 本书籍。他是在世时科学论文被引用次数最多的心理学家之一。主要著作有：《人格的维度》(*Dimensions of Personality*)(1947)、《人格的科学研究》(*The Scientific Study of Personality*)(1952)、《心理学的正用与误用》(*Uses and Abuses of Psychology*)(1953)、《人类的人格结构》(*The Structure of Human Personality*)(1953)、《变态心理学手册》(*Handbook of Abnormal Psychology*)(1960，1973 第 3 版)和《人格测量》(*The Measurement of Personality*)(1976)等。

## 一、艾森克的研究方法

从 20 世纪 50 年代到 80 年代的几十年时间内，艾森克是英国最受欢迎的一位心理学家。他的心理学教科书是社会工作者、教师以及大学生最受欢迎的读物或教材。艾森克在伦敦大学精神病研究所任职时，他的本科学生、研究生、博士后研究者以及访问学者都为他的书籍以及论文提供了丰富的资料。艾森克研究所使用的主要方法是因素分析(Factor Analysis)，他认为人格与智力更能够通过数学精确地分成不同的成分，一种成分就是一个维度。例如，内倾—外倾(Extraversion—Introversion)、神经质(Neuroticism)、精神质(Psychoticism)。他使用因素分析的方法让人们在不同的维度中找到自己的位置。但是，批评者认为计算题目相关而得出的因素或维度是经验性的观察，是在没有假设基础上获得的一种观察结果。艾森克同其他不重视心理学理论但重视统计方法的心理学家一样，所遭受的批评与质疑是经由因素分析得出的因素是否存在与独立。不过，艾森克的职业生涯达到成熟期以后，从因素分析方法应用转到重视遗传倾向，特别重视统计和测量方法与行为遗传的关系。艾森克是较早进行行为遗传学研究的心理学家。

艾森克认为，人是一个生物有机体，其活动同等地受制于生物因素（遗传、生理、内分泌腺）和社会因素（历史、经济、相互作用），这一观点决定了他主要的思想及其研究方向。他认为，只强调生物因素或只强调社会因素都会阻碍科学的发展。他关于人是进化的产物，人仍然保留着几百万年前早期生命形成发展过程中痕迹的观点，遭到了那些倾向于社会因素的社会科学家的反对，但艾森克却认为这是恰当地理解人性的基础。

总体来看，艾森克带领许多研究人员使用很多的方法，如观察方法、相关与因素分析、行为遗传学以及生理实验等方法开展了实证性的心理研究，其主要研究领域为人格。1950 年之后，用实验心理学的方法研究变态心理、临床心理。他反对弗洛伊德的精神分析理论，不断地提供证据批判精神分析理论及其精神疗法。同时，以条件反射理论为基础，研究并提倡行为疗法，提出了莫兹利人格问卷（Maudsley Personality Inventory, MPI）。另外，对动机知觉、心理测量的统计分析和智力的基础等也进行了多方面的研究。

## 二、艾森克的人格结构观

艾森克与心理健康有关的观点与思想主要基于他对人格的一些认识，他认为人格差异主要来自于基因遗传。如前所述，艾森克是一位研究型的心理学家，主要使用因素分析的方法研究人格与智力等问题。他通过研究发现，人格具有神经质、内倾一外倾以及精神质维度。

神经质。艾森克使用“神经质”命名了人格的第一个维度（或特征），这一维度主要描述个体从冷静、镇定到惶恐、紧张的变化。艾森克指出，神经紧张的人经常会出现一些神经紧张失调症，也就是神经症。但是，艾森克认为在神经质量表上得分高的人，不一定是神经症患者，只能说明他们的生活容易受到生活问题困扰。他相信任何一个常人都会在神经质这个人格维度获得一定的分数，也就是每一个人都会表现出一定的神经质倾向。因此，艾森克认为神经质维度有遗传的基因作为基础，并应用生理学研究解释了这一维度的生物内涵。

艾森克认为，交感神经系统可能是与神经质维度有紧密联系的一个植物神经系统。交感神经系统的主要功能不同于中枢神经系统，主要控制紧急情况下人们的情绪反应。例如，当大脑告诉交感神经系统出现紧急情况时，交感神经系统会通知肝脏释放葡萄糖转化为身体所需能量，这让消化系统的负担减轻，同时瞳孔放大，头发竖起等。这些身体变化会告诉肾上腺释放更多的肾上腺激素。肾上腺激素会让身体准备行动，因此，交感神经系统的一种机能就是提示人们“逃跑还是迎战”。艾森克假设某些人的交感神经系统会比其他人的反应更快。紧急情况下，一些人表现得非常的镇定，一些人体验到较多的恐惧或其他的情感（诸如焦虑或抑郁等）；然而，另一些人可能会因为一点小事变得恐惧不安。艾森克认为后两种人的交感神经系统过分敏感，他们有明显的神经失调症症状。

神经失调症的一个最典型表现是恐慌症。艾森克认为，恐慌症发病像在麦克风附近小声说话而听众听到的声音较大一样，是正反馈的结果。讲话者很小的声音被麦克风放大后输出成很大的声音，不用多久，听众就会听到小时候自己曾经听到的尖叫声。恐慌症也遵循类似的模式，你可能会恐惧一个小事情，例如过桥。在不断的反复播放恐惧的场景中,交感神经就会让你变得敏感。你为过桥感到紧张,以至于更敏感一些其他的刺激物,这样就会更紧张。因此,有神经症的人对恐惧的过分反应会强于最初的外在刺激诱发的恐惧。回想一下自己感到恐惧或害怕的时候,人们就更能体验到,恐惧本身会比引起恐惧的东西更让人痛苦不堪。

内倾—外倾。艾森克认为人格的第二个维度是内倾—外倾,他用这一维度描述人们的羞怯、安静程度以及人们是否敢大声说话。所有人都会表现出一定程度的羞怯与安静,但是,艾森克对这一维度的生理学解释有一点复杂。他假设内倾—外倾是大脑活动受抑制与兴奋加强后平衡的结果。大脑兴奋时会处于唤醒以及学习状态;大脑抑制时处于放松与睡眠状态,或大脑为回避某些刺激进入自我保护的状态。大脑会对不同的压力状态做出反应,艾森克对人格的内倾—外倾的解释主要根据巴甫洛夫让狗处于压力状态下的反应差异。

艾森克认为,一方面,外倾的人有较好的大脑抑制能力,他们的大脑在出现创伤性刺激(例如车祸)时处于抑制状态,很难记住过去发生的事情。车祸过后,外倾者会感到大脑一片空白,以为什么事情也没有发生。外倾者可能会询问其他人是否记住过去所发生的事情,但他们完全没有感觉到车祸对自己的影响,所以第二天会继续驾车外出。另一方面,内倾的人有较差的抑制力。他们遭遇车祸时,大脑不能很快地提醒他们保护自己,也不能很快地让大脑停下来。内倾人的大脑处于高度唤醒状态,能够了解到很多的东西,也能够记住过去所发生的每一件事情。内倾的人或许报告说,他们以极慢的速度目睹到了车祸的全过程。车祸过后,内倾的人不愿意再驾驶汽车。

内倾与外倾的人参加聚会时可能会有不同的表现。设想一下,内倾的人与外倾的人在聚会上都喝醉了,他们脱光了衣服在桌子上跳裸体舞。第二天早晨,外倾者会询问你昨天晚上发生了什么事情,当你告诉他所发生的事情，他或许大笑后就开始准备下一次聚会。相反，内倾者会记住自己的糗事，并且待在家里不敢出门。艾森克认为犯罪与人格倾向也有一定的关系，如暴力犯罪的人一般是外倾者。这不难理解，一个害羞的人很难夜晚抢劫便利店，一个有恐慌症的人也很难做这样的事情。

艾森克注意到人格的神经质维度与内倾—外倾维度可能会交互影响，很多的心理问题都是二者交互影响的结果。他发现，有恐怖症以及强迫症的人，一般都是默不作声的内倾者，然而患有躁狂症的人一般都是外倾者。艾森克给出的解释是，高度紧张的神经症患者对引起恐惧的刺激过分反应。如果他们是内倾者，他们会回避让人恐惧的情景，甚至非常害怕引发恐惧的一些小细节。然而，其他的内倾者可能学会一些行为消除恐惧，诸如重复洗手等。然而，外倾明显的神经症者善于忽略与遗忘他们做过的事情。他们一般采用"压抑或拒绝"等经典的防御机制。他们一般会忘记痛苦的周末，甚至会忘掉自己腿脚的能力。

精神质。艾森克使用大样本研究发现了人格具有神经质、内倾与外倾等维度，但是他认识到大样本未必能够发现人格的所有维度，一些人群可能会有他们自己独特的人格特质。于是，他把研究视野转移到英格兰。他分析了从英格兰收集到的大量数据后，发现了人格的第三个因素精神质。与神经质一样，精神质并非暗指精神病，它在所有人身上都存在，只是程度不同。精神质特征主要包括倔强、固执、粗暴、强横和铁石心肠等特点，但如果一个人表现明显，则容易发展成行为异常。精神质分数高的个体可能会孤独、不关心他人，难以适应外部环境，不近人情，感觉迟钝，对别人不友好，喜欢寻衅搅扰，喜欢干奇特的事情，并且不顾危险。艾森克认为，精神质与神经质维度一起可以表示各种神经症和各种精神病。

诚如上述,艾森克的人格研究不像许多美国心理学家偏重特质水平,而是集中于类型。他认为特质是观察到的个体行为倾向的集合,类型是观察到的特质的集合体。他把人格类型看作某些特质的组织。他提出的人格理论主要是属于层次性质的一种类型。每一种类型结构的层次明确,因此人格就可分解为有据可查、有量可计的因素。这是心理学家多年来一直探讨却尚未明确的东西。

## 三、小结与启示

艾森克作为一个坚定的行为主义者,他认为只有科学的方法能让我们精确地理解人类。作为一个统计学家,他感觉数学的方法是必不可少的。然而,作为一个生物学定向的心理学家,他认为只有生物学的解释是可信的,有效的。当然,我们承认,有些人认为现象学的质化研究方法也是科学的。不过一些心理现象很难用数字表达,并非所有的心理学家认同因素分析方法。另外,一个有争议的问题是并非所有的心理现象都有生理基础。但无论怎么样,艾森克对于人格类型以及生物学基础的描述,是有价值的。大多数父母、教师以及儿童心理学家都倾向于认为儿童自从出生后就有差异。特别是对心理问题的认识也应该考虑到人格特征,改变不同人格特征的心理问题,确实应考虑到一些被艾森克证明为有效的方法,如行为疗法。

人格特征与心理健康状况有紧密的联系。内倾的人关注自身及其主观世界,内心活动丰富,敏感,细心,喜欢独处,不善交往,含蓄,安静,与人保持一定距离。因此,内倾的个体会幻想较多而缺乏行动,常深思熟虑,耐受性强,较少冒失行动,稳重而少冲动性。内倾的人容易出现这些心理问题。外倾的人喜交往,也善交往,热情,活跃,进取,敢说敢做。但是,外倾的人缺乏周密思考,冲动性强,缺乏稳重,耐受性差,易变化,粗心。外倾的人容易会出现这些心理问题。

日常生活极其复杂多变，但人可以随机应变，首先就在于人因为条件反射而处于一种自动化了的或半自动化了的状态。但是，如果这种条件反射产生负面作用的话，就会引起强迫症状、焦虑或不安，或者也会形成某种病症。不良习惯、辍学或恐怖多由此而形成。对于在无意识中的条件反射所形成的不良症状、恶习或身心障碍、心理问题，在治疗和咨询时可以使用反条件刺激予以清除和击退。行为主义关于条件刺激的强化。条件反射的消退、奖励、惩罚、反馈、模仿、替代强化等概念和原理，为行为主义心理咨询方法开拓了广阔的前景。

# 08　卡特尔：人格理论和十六种人格因素量表(16PF)的应用

雷蒙德·B. 卡特尔(Raymond Bernard Cattell,1905—1998),被誉为20世纪最有影响力的行为主义心理学家之一。1905年3月20日出生在英格兰南部的特奎镇,在这里度过了幸福的童年。父亲是一名机械工程师。

高中时期的卡特尔就以其成绩优异而著名。1921年,他获得奖学金进入伦敦大学国王学院学习物理学和化学,三年后获得了理学学士学位。毕业后,他进入伦敦大学研究生院学习文学和哲学。在此期间他开始对心理学产生兴趣,受聘担任因素分析创始人查尔斯·斯皮尔曼的研究助手。1929年,卡特尔顺利获得了伦敦大学心理学博士学位。在1926—1932年期间,卡特尔还担任英格兰埃克塞特大学的讲师,之后五年,他创办和主持了英格兰莱斯特儿童心理辅导中心,进行了大量的临床工作,积累了丰富的资料和经验。

1937年，受美国著名心理学家桑代克的邀请，卡特尔到美国哥伦比亚大学师范学院工作了一年。之后，他到克拉克大学工作了三年，对人格和智力进行了客观的行为测量，并在1942年的美国心理学大会上报告了他对晶体智力和流体智力的研究成果，获得好评。1941—1944年，卡特尔在哈佛大学讲授心理学。两年后，卡特尔前往伊利诺伊州立大学担任心理学系教授和人格测量实验中心主任，直到1973年。在伊利诺伊大学的27年时间里，他做了大量的人格特质方面的研究和临床应用工作，奠定了他的理论基础。其中，于1949年首次发表了《卡特尔十六种人格因素量表》(Cattell's Sixteen Personality Factor，简称16PF)。该量表被公认为权威的人格测量方式，先后翻译成40多种语言。1978年退休后，卡特尔到科罗拉多定居了五年，之后担任夏威夷大学的兼职教授。1998年2月2日，卡特尔逝世，享年93岁。

卡特尔是一位勤奋而多产的学者，一生共发表了500多篇学术论文，出版了56部专著，并开发了超过30个用以进行人格和智力研究的规范化测试工具。主要著作有《人格的描述与测量》(*The Description and Measurement of Personality*)(1946)，《人格研究导论》(*An Introduction to Personality Study*)(1949)，《人格：一个系统的理论和事实的研究》(*Personality: A Systematic, Theoretical, and Factual Study*)(1950)，《人格的科学分析》(*Scientific Analysis of Personality*)(1965)，《人格与动机》(*The Scientific Analysis of Personality and Motivation*)(1977)以及《人类动机和动态微积分》(*Human Motivation and the Dynamic Calculus*)、《人格和能力的遗传》(*The Inheritance of Personality and Ability*)等。

## 一、卡特尔人格理论和16PF量表的背景

无论是卡特尔的人格理论，还是16PF量表的产生和临床应用，都

与卡特尔个人的经历以及他当时所处的社会环境有密切的关系。

方法来源。因素分析技术是用共同性来识别一般和特殊因素。16PF主要应用了因素分析的方法。卡特尔在伦敦大学学习期间,作为该方法创始人斯皮尔曼的助手,掌握了因素分析方法,并进行了大量应用和研究。以往的人格特质心理学家一般从微观的角度研究人格,根据现实的表现来猜测个体存在的人格特质,而卡特尔则是使用经验主义的方法,从宏观角度首先确定人类所具有的所有人格特质。由于卡特尔的化学学科背景,化学元素周期表对他的心理学研究有很大的启发。他认为在研究人格特质之前,并不需要先入为主地进行分类,或者将某个人的突出特点作为他的特质类型。相反,个体的许多特征之间也许存在较高的相关,可以将它们归入同一特质中。卡特尔将来自生活记录材料、问卷材料和客观测验材料的三方面数据进行统计处理,把用来描述人格的几百种特质加以相关性测量,将高度相关的特质划为同一个人格维度,最后确定了16种大的基本维度,这些维度是人格的根源特质。

理论和实验背景。早在古希腊时期,人们就对不同的人格进行了区分,但这样的分类大多数不符合事实,于是,逐渐被特质流派所取代。特质流派的典型特征是预测那些得分处在特质连续体上某一范围内的人有什么样的典型行为表现,从而区分不同特质群体之间的差异。人格的特质流派建立在两个重要的假设之上。首先,人格特征在时间上是相对稳定的;其次,人格特征具有跨情境的稳定性。特质流派很少论及和预测人格的变化,而是关注群体的特征,将不同特征的群体进行比较,从而将人类的人格进行相对的定义和划分。弗朗西斯·高尔顿爵士(Sir Francis Galton)在测量的实践与理论以及个体差异的心理学研究方面做出了重要的贡献。之后,德国心理学家鲍姆加登(Baumgarten)按照心理学途径对特质名称进行了分类。接着,戈登·W.奥尔波特(Gordon W. Allport)和奥伯特(Odbert)进行了深入研究,从1925年版的《韦氏国际词典》中选出了17953个能区分人类行为差异的形容词,将其分成四大类:表示稳定人格特点的词;描述暂时心境和活动的词;对性格进行评价的词;一些混合术语以及含义不清的术语。其中表示稳定人格特点的词有4504个。

在这些研究的基础之上,卡特尔将4504个稳定人格特质词,加上精神医学和心理学文献的形容词,进行了聚类分析,删减到200个,然后将这200个词两两对立起来,如:自大的—谦卑的;愚钝的—聪慧的;无耐心的—有耐心的;幻想的—实际的;等等。卡特尔编制了和日常生活相关的问卷,要求被试对自己和朋友分别进行评价,得出每个人在各个人格特质上的分数,然后用统计方法求出各个特质之间的相关关系,将彼此相关较高的分为一组,并用一个概括性的名词来表示。这个概括性的名词就是根源特质。

## 二、卡特尔人格特质的理论模型

卡特尔认为,人的气质类型没有好坏之分,通过对现实中人们的实验研究,他发现人格特质有三分之一是由遗传决定的,有三分之二是由环境决定的。并且,随着个体年龄的增大,特质具有相当大的稳定性;人格有动态变化的一面,但总的来说是稳定的。卡特尔将理论探讨和科学测量结合起来,采用归纳-假设-演绎的方法,找到复杂人类行为中那些相对而言更加稳定和综合的特质,得出了16种独立人格因素,包括乐群性、聪慧性、稳定性、好强性、兴奋性、有恒性、敢为性、敏感性、怀疑性、幻想性、世故性、忧虑性、求新性、独立性、自律性和紧张性,作为根源特质和初级因素。然后将这些初级因素进一步分析产生次级因素,包括适应与焦虑型、内向与外向型、感情用事与安详机警型、怯懦与果断型、心理健康因素、专业有成就者、创造力强者和在新环境中有成长能力的人格因素 8 种。16 种初级因素和 8 种次级因素相结合,可以全面地描述和概括所有的人格群体。据此,他认为人格是由许多彼此独立的特质因素构成的复合结构,这些特质是个人相对恒定的体质特征和行为倾向。

**表 卡特尔 16PF 人格因素量表**

| | 人格因素 | 低分者特征 | 高分者特征 |
|---|---|---|---|
| A | 乐群性 | 沉默孤独 | 乐群外向 |
| B | 聪慧性 | 愚钝、抽象思维能力差 | 聪慧、抽象思维能力强 |
| C | 稳定性 | 情绪不稳定、无耐心 | 情绪稳定、有耐心 |
| E | 好强性 | 温顺、随和 | 支配、好斗、有主见 |
| F | 兴奋性 | 严肃、谨慎、安静 | 轻松、热情、活泼、幽默 |
| G | 有恒性 | 权宜、敷衍、轻视规则 | 有恒、负责、遵守规则 |
| H | 敢为性 | 畏缩退怯 | 冒险敢为 |
| I | 敏感性 | 粗心、迟钝 | 细心、敏感 |
| L | 怀疑性 | 信任、接纳 | 怀疑、警觉 |
| M | 幻想性 | 实际、合乎常规 | 幻想、不切实际 |
| N | 世故性 | 直率、天真 | 精明能干、世故 |
| O | 忧虑性 | 安详沉着、有自信心 | 不安、多疑、自责 |
| Q1 | 求新性 | 保守、传统、抗拒改变 | 自由、批评、求新 |
| Q2 | 独立性 | 依赖群体 | 自立 |
| Q3 | 自律性 | 冲动、无法自制 | 克制、自律、严谨 |
| Q4 | 紧张性 | 放松、沉着、欲求低 | 紧张、迫切、欲求高 |

人格的特质流派着重描述人格和预测行为,而不是解释人们为什么会在某个场景下表现出某种行为,这就使得人格特质的研究结果只是为那些在某人格维度上可能过高或过低的人提供一个如何改变的方向,而无法通过实际的方法进行改善与治疗,所以,没有哪个重要的心理治疗学派是源自于人格特质流派的。但是,随着社会发展和心理

学研究范围的扩大，现代心理学的研究对象已经不仅仅是那些患有心理疾病的群体，也不只是关注人类发展过程中的消极心理，对积极心理学的研究热潮说明心理学对普通大众的心理健康维护有很大作用，通过关注积极心理也能够帮助人们解决不健康的心理问题。人格特质研究中收集的信息，有助于治疗者在治疗过程中进行诊断和制定治疗计划，特质研究考察的许多特征，如自尊和社会焦虑，则有助于被治疗者在社会交往中的个人适应。因此，特质研究对避免消极心理、追求积极心理、维护心理健康具有重大意义。尤其是卡特尔的16PF能够计算出心理健康者的人格因素，找到那些情绪不稳定程度较为显著的心理不健康者，通过后天环境的影响来改善和预防因为心理问题造成的行为偏差。

## 三、卡特尔16PF的临床应用研究

卡特尔认为，心理疾病是由无法解决的冲突造成的。因此，对心理疾病治疗的技巧主要依赖于人格因素的评鉴。他认为，评鉴越客观精确，其评鉴结果在治疗过程中对被治疗者的判断也就越客观精确，治疗者可以更好地了解治疗前后行为的改变，帮助找到更加有效的治疗方法。

治疗方法。卡特尔认为精神病人的整个人格机能都有障碍，测量和治疗方法都必须针对其整体的人格结构，而不能仅针对其某些具体的行为方法。在可靠、有效的测量基础上，任何有效的治疗方法都可以使用，而不应该拘泥于某一种治疗方法。卡特尔等人(1966)曾就采用精神疗法和药物治疗相结合的方法对神经症患者进行治疗有过研究。在研究中，他们发现两种方法的相互配合令治疗效果更佳。精神疗法能够使得药物治疗的安慰效用持续更长的时间，还能降低麻醉剂在最终治疗结果上的副作用。在关于强迫症治疗的改善率上，他们指出光靠药物治疗并不能达到明确的效果。实验表明,在人格特质的O因素上,精神疗法可以有效地降低内疚倾向,但只能在那些没有服用安宁片的被试群里,这说明经过药物治疗和不经过药物治疗的群体是不一样的。而在人格特质的C因素上,精神疗法却只在那些服用了安宁片的被试群里有效果,这说明药物治疗对C因素有影响。这说明,在某些神经症上,光靠精神疗法就能够达到效果;而在另一些神经症上,需要配合药物疗法。

临床研究。卡特尔将16PF应用到犯罪、焦虑症、强迫症等问题的测量上,发现这些患者和正常人存在很多人格上的差异。正是由于这些差异的存在,使得患者在心理和情绪上产生异常,从而导致行为异常,甚至引发违反社会规范和社会道德的犯罪行为。这些研究结果对治疗具有很大的启发,如果可以找到偏差行为的根本原因,人们就可以通过改善和完善人格的方式,对患者进行引导,降低或提升他们的某一项人格因素分数,来减少他们的偏差行为。

例如,16PF为诊断神经症、精神病和心理病态者,特别是区分焦虑性歇斯底里、强迫症、转换性歇斯底里和身心机能紊乱症等综合病群体提供了人格上的划分标准;针对青少年犯罪,如果在治疗的过程中,提高他们的I因素分数,也就是说,降低他们的坚韧性和愤世嫉俗的人格,增加他们情绪的敏感性,也许可以降低他们的犯罪率。

应用研究。由于16PF具有较高的效度和信度,且能够对人的特质做出详细的测评和分析,经过几十年的发展,它在国际上的影响越来越大,被广泛应用于人格测评、人才选拔、心理咨询和职业咨询等工作领域。1979年,中国也将其引入国内,并编制了中文版的16PF问卷。无论是在中国还是在国际上,16PF与健康的关系得到越来越多学者的关注,特别是在用16PF鉴定人格异常被试的异常心理方面,如犯罪、焦虑症、抑郁症等,有很多研究。这些研究发现,心理异常的个体在某些人格因素上不同于正常人,或者偏高,或者偏低。正是由于存在这样的人格差异,才使他们的情绪和行为非常不稳定,更有可能引发神经问题。此外,也有研究发现,除了在神经症方面存在人格差异,躯体疾病方面也存在人格差异,那些容易患高血压、心血管疾病等慢性疾病的患者,在某些人格因素上也不同于其他人。

例如,在16PF问卷中C因素得分低,而O和Q4因素得分高,是大学生心理健康不良的最主要因素。与正常人群比,抑郁症患者具有情绪激动、畏缩退怯、忧虑、抑郁烦恼,自卑、悲观、怕与人接触等特征。神经衰弱患者存在精神过度紧张、疑病等心理缺陷,他们在16PF中的测量结果表明,在因素C、G、Q3上低于常模,在因素O、Q4上高于常模,显示出情绪不稳定、忧虑抑郁等人格特点。最新的脑成像研究发现,H因素较低的个体,交感肾上腺系统的灵敏程度较高,对压力的抵抗水平较低。这为进一步科学验证人格差异提供了精确的说明。总之,16PF在现代心理健康领域的应用非常广泛,实证研究也证明那些在心理和躯体上不健康的个体在人格上也存在不同于常人的差异。这个发现对人们预测疾病、在治疗过程中找到合适有效的治疗方法及平衡心态有非常重大的作用。

## 四、卡特尔的科学与政治之争

卡特尔对心理学的贡献毋庸置疑。他发展了一整套详尽的人格研究和测量的理论体系,为扩展现代心理学的广度、深度和应用做出了极大的贡献。卡特尔是"当代美国最高产的心理学家",他的学术论文得到无数人的关注和引用。在被引用文章最频繁的心理学家中,排在斯金纳之后位列第七;在"20世纪最伟大的心理学家"评选中,卡特尔被排在第十六位。于是,在卡特尔逝世前,美国心理学会(APA)决定给他颁发该年度美国心理学"金质奖章"(Gold Medal Award),以奖励他在心理学领域的实证研究及理论方面所做的杰出贡献。但是,这一项评选却遭到了一些非心理学家和心理学家的抗议。原因在于,他们认为,卡特尔的思想和理论支持了“优生学”和“种族优越理论”,影响了他们的政治立场。

诚然,卡特尔曾在他的书里明确表示过,“若鼓励高智力家庭的出生率大于低智力家庭的出生率,那么我们的文化、经济和政治生活都会越来越富裕和健全。因为那些低智力个体需要消耗两倍的教育资源,而成就与贡献却并不见得很大。他们也更有可能成为行为不良者,或者成为煽动贫民造反的政治危险分子。”他对社会阶层有明确的分类,认为不同阶层的人之间会有很大的差异。至于种族方面,他不仅把黑人排除在高智商人群之外,还表示欧洲大陆的矛盾和冲突都是源于犹太人侵入欧洲改变了欧洲人的血统,使现代欧洲人的人格里面产生了种族差异。但是,卡特尔的追随者表示,卡特尔的所有言论都是从科学研究的角度出发,并没有任何政治立场和道德评判,他并不会因为差异性而对任何个体有种族偏见,也不会因为他们的社会地位和种族而有偏见。

我们认为,科学必须建立在道德的基础之上,任何科学实验也必须在伦理允许的范围之内,毕竟,科学的目的是为了促进人类文明的发展。至于政治就要复杂得多,它服务于当权者,受到当权者利益和需求的驱动,有时甚至会违背人道主义,或者违背道德。我们在判断科学价值的时候,不能从政治的角度出发。卡特尔对心理科学的贡献毋庸置疑,至于他的思想在政治上的反映,则是另外一回事。如果因为政治的原因而否定卡特尔在人格和智力等方面的贡献,未免显得过于狭隘。毕竟,随着历史的发展,我们能够看到卡特尔的16PF人格理论具有越来越广泛而重要的科学价值。

# 09　荣格：人类灵魂奥秘的探索者和解码者

卡尔·古斯塔夫·荣格(Carl Gustav Jung,1875—1961)是现代西方著名的心理学家和精神病医生，分析心理学(analytical psychology)的创立者。1875年7月26日出生在瑞士莱茵河畔的一个小村庄。父亲是一个情绪无常、变幻莫测的牧师，母亲也有情绪障碍，行为诡谲多变，父母亲之间的关系经常很紧张。

荣格从小就从理性意识世界转向了梦、想象和幻想的世界，并贯穿了整个成年生活。他11岁时离家前往巴塞尔高级中学就读，随后进入巴塞尔大学学习，于1900年获得了医学学位。在大学快要结束的时候，荣格为准备最后的考试而阅读了由克拉夫特·埃宾(Krafft Ebing)编写的精神病学教科书，24岁的他立刻意识到，这正是他命中注定要从事的专业。1900年底，荣格接受了苏黎世布尔霍尔兹利精神病医院助理医生的职位。1902年,他到巴黎跟精神病学家皮埃尔·让内(Pierre Janet)学习了几个月。1905年,荣格成为了苏黎世大学精神病学讲师并提升为医院的高级医生。但真正给荣格思想以巨大影响的,却不能不首推弗洛伊德。

1906年3月荣格给弗洛伊德写了第一封信。1907年,弗洛伊德邀请荣格到维也纳做客,两人一见如故。此后,他们保持了六年的私人关系和事业上的友谊。1911年,在弗洛伊德的一再坚持下,荣格成为了国际精神分析协会的第一任主席。不久,他同弗洛伊德的关系开始显现出紧张的迹象。1912年他们中断了个人联系,1914年荣格辞职,退出了国际精神分析协会。1934年,荣格创建国际心理治疗医学学会并任主席。在第二次世界大战时期,荣格继续著书与工作,不过,他的健康状况受到了严重威胁,并于1944年住院治疗。为了彻底恢复健康,荣格在战后正式退休。1961年6月6日,86岁的荣格在家中逝世。

荣格一生写作和出版了六十多部书籍,撰写文章并进行讲演,经过整理出版的《荣格文集》(*The Collected Works of C. G. Jung*)长达19卷,这些著述确立和阐明了他的主要观点。荣格生前接受了许多嘉奖与荣誉学位,并在全世界受到推崇。作为20世纪最著名的100位心理学家之一,他排名第二十三位,并被尊称为"人类灵魂及其深处奥秘的探索者"。

## 一、荣格思想与理论产生形成的背景

荣格的思想博大精深又晦涩难懂。他对人格、人性和人类灵魂的认识,不仅本身蕴含着丰富的心理健康思想,而且很多直接应用于心理治疗实践。特别是他诸多具有原创性的思想启发了很多后来者,成为日后新思潮、新流派的理论先导。这是由他所处的历史背景决定的。

首先，荣格受到叔本华、尼采等人生命哲学的巨大影响。荣格所处的时代，是尼采、叔本华时代的继续，他们用同一视角观察世界，意识到随着西方文明的发展，人本质中很重要的一面正在被忽视。宗教的衰败，象征文化的丧失，人类心灵中的非理性成分在理性的禁锢下挣脱出来，正在寻求某种形式的发泄。叔本华和尼采都强调要为生命和本能争取权利，荣格在他们那里找到了与自己的集体无意识和原型理论所具有的一致性。

其次，进化论、生物科学的发展，为荣格的理论提供了坚实的技术基础。生物科学的飞跃发展，改变了人们对于自身的思考方法。进化论使与人相关的研究领域能够从生物科学中汲取营养。荣格的分析心理学，从科学观、方法论一直到具体维度和概念的运用，许多范畴都是直接从进化论思想中吸收来的。例如，原型概念就是综合了当时获得性法则和基因变异两种进化观点发展而成的。此外，神经科学、心理学、人类学和历史学的发展也为分析心理学提供了发展和完善的基础。

再次，精神病学的巨大发展，为荣格提出自己的分析心理学思想奠定了重要基础。其一，催眠术的出现，使精神病学家找到了探索人类深层心理现象的方法。其二，梦游症、癔病等一些关键性精神疾病开始受到真正的重视。其三，多重人格逐渐被世人认识并得到接受。这些发生在精神病学理念、技术和方法上的深刻变革，大大开阔了荣格的研究视野，尤其是后来弗洛伊德提出的精神分析理论更是直接促成了他提出自己的分析心理学理论。

最后，正像其他许多伟大的思想家一样，荣格的思想与理论也受到了他个人经历的影响。荣格出生在一个牧师家庭，因此，他从小就接触与宗教有关的各种现象和仪式。加之他本人内倾和反省的性格，使其从小就陷入到了充满宗教、梦、幻觉和神秘体验的主观世界之中，他晚年所出的自传也命名为《回忆、梦、反思》。而且，荣格曾到亚洲、非洲等很多地方游历，考察和分析了世界上很多民族和地区的宗教、神话、炼金术和其他文化现象。这些都为他提出集体无意识和原型思想提供了直观的体会、素材和思想来源。

## 二、荣格分析心理学的核心概念

在荣格庞杂的心理健康思想中，集体无意识和原型是他的核心概念，它贯穿于其关于心理治疗的思想与方法、人格理论以及对宗教、幻觉与神话等各种问题与现象的论述之中。

集体无意识。荣格描绘了两种水平的无意识心灵。在人们的意识觉察之下是个人无意识。它包含着在个人生活中被压抑或遗忘的记忆、冲动、欲望、模糊的知觉和其他一些经验。个人无意识隐藏得并不深，来自于个人无意识的事件可以很容易地返回到意识觉察水平。个人无意识中的经验群集成情结(complex)。情结是一些有着共同主题的情绪和记忆模式。通过专注于某些观念(如权力或自卑)，一个人表现出某种情结，因而影响着行为表现。因此，情结在本质上是整个人格中较小的人格。

在个人无意识下面是集体无意识(collective unconsciousness)。它是个体不了解的。集体无意识中包含着以往各个世代累积的经验，包括人们的动物祖先遗留下来的那些经验。这些普遍性的、进化性质的经验形成了人格的基础。但是，集体无意识中的经验是无意识的，人们并不能觉察它们，也不能回忆起或者具有它们的表象。

原型。在集体无意识中，那些遗传倾向称之为原型(archetypes)。原型是心理生活的先天决定因素，它使得个体在面临类似的情境时与祖先产生同样的行为方式。在与诸如出生、青春期、婚姻和死亡或者极端危险情境等一些重要生活事件相联系的情绪形式中,人们会典型地体验到原型的存在。

当荣格研究古代文明中的神话和艺术创造物时,他发现了一些共同的原型象征的存在。这种原型象征的共同性甚至存在于时间和距离上相距得如此遥远,以至于相互之间根本不可能发生直接影响的文化之间。他在病人报告的梦中也发现了这些象征的遗迹。所有这些材料都支持了他的集体无意识概念。出现频率最高的原型是人格面具(persona,人们与其他人交往时掩盖人们真实目的的假面具)、阿尼玛和阿尼姆斯(anima and animus,每一个人都展示出异性的某些特征。阿尼玛指男人身上的女性特征;阿尼姆斯指女性身上的男性特征)、阴影(shadow,人格中的动物性部分,从低等生命形式遗传而来,包含着不道德、激情的、不可接受的欲望和活动)和自性(self,自性综合和平衡无意识的所有方面,给人格提供整体性和稳定性,是朝向自我实现的内驱力)。

在荣格看来,现代人虽然在科技发展和改造外部世界方面取得了巨大的成就,但却远离了人类的集体无意识和原型,这造成了意识与无意识的失衡,产生了普遍的精神问题。人类的历史就是不断地寻找更好的象征,即能够充分地在意识中实现其原型的象征。现代象征大部分由各种机械、武器、技术、跨国公司和政治体制所构成,实际上是阴影原型和人格面具的表现,它忽略了人类精神的其他方面。荣格迫切希望人类能够及时创造出更好的、统一的象征,从而避免在战争中自我毁灭。

## 三、荣格分析心理学的治疗思想与方法

荣格认为心理治疗的目标是发展人格,而不是治疗症状。在荣格看来,神经症症状是人们的精神尝试自我调整的一种企图,是病人在

无意识深处想获得更完整人格的一种外部表现。神经症症状又往往表现为情结,要使人格得到发展,就必须把这些情结与人格整合起来。最初,荣格在使用词语联想测验进行研究时发现,当刺激词与病人心目中一些不愉快的事物联系时,回答的反应时间就会延长。这时若将病人延续做出反应的几个词选出来分析,就会发现其潜藏在表面下的深层含义,即无意识的情结。心理治疗的目的就是使患者无意识深处的情结内容得到充分表露,成为意识到的东西。在自觉意识的指导下,使意识与无意识达到完满的和谐状态,这也是发展人格的过程。

荣格也使用释梦的技术来分析病症,不过他比以往任何一个释梦专家都走得更加深远。他不同意弗洛伊德关于象征是受压抑的欲望的伪装表现这一基本观点。在荣格看来,梦的象征,以及其他任何象征,是阿尼玛、人格面具、阴影和其他原型希望个性化,希望把它们统一为一个和谐平衡的整体的尝试。梦和象征不仅指向过去,也指向未来,具有预期导向,是实现人格发展这一最终目标的蓝图。如果变换一种角度来考察,那么梦也可以是一种补偿;它试图补偿精神中所有那些遭到忽视,因而也就未得到分化发展的方面,企图以此造成某种平衡。因此,荣格不鼓励病人进行自由联想,而是强调抓住梦的主题让病人进行积极想象。而治疗师则需要通过综合文学、艺术、历史、神话、宗教,以及病人的知识背景和最近经历等等多种渠道的信息,对病人所做的梦的系列进行放大,以挖掘其中具有象征意义的无意识和原型。这种放大的方法需要分析者本人具有相当渊博的学识。

经过多年的临床实践,荣格总结出分析心理学的四种治疗方法或说四个阶段:(1)宣泄法。病人可以通过精神宣泄重新发现那些被压抑或遗忘的东西,宣泄的目的就是达到彻底的倾诉,使病人不仅从理智上承认这些事实,而且自愿用心灵来巩固这些事实,从而真正释放出被压抑的情感。倾诉法对单纯幼稚的人效果很好,但不适用于意识程度很高的人。(2)解释法。许多病人在接受宣泄治疗之后,神经症症状消失,但却陷入到与医生的依恋关系之中,发生移情。此时,医生应尽力借助对梦和幻想的分析,来向病人解释他投射到医生身上的东西,并指出这种投射的不合理,使病人回到现实社会中来。(3)教育法。很多时候,病人完全理解自己的病因,却像个孩子一样无能为力。医生要对病人反复开导,不断进行强化和练习,使他们的一些习惯适应社会道德要求、符合社会标准的新习惯,进而使他们成为得到社会认可的健康人。(4)转变法。每个人的需要各不相同,治疗要在医生积极的引导下,通过医生和病人的相互影响与沟通,使双方共同了解病人的内心世界。与此同时,医生也要不断地洞察自己的内在人格,与病人一起发生转变。

## 四、荣格及其思想的贡献和争议

作为著名的精神病学家和心理分析家,荣格的思想和观点已远远超出心理学的领域,对20世纪的宗教、哲学、艺术、历史和文学等领域产生了广泛的影响。随着时间的推移,人们正在逐步加深对荣格的理解和认识。

首先,荣格的首要贡献是作为心理分析家,提出了集体无意识和分析心理治疗的思想及方法,纠正了弗洛伊德经典精神分析对于性及早期经验对心理影响的过分强调,指出了人的心灵指向未来的积极方面,并自始至终将健康的人格发展作为重要的主题。从而,荣格跟阿德勒一起,作为新精神分析启发了后来的人本主义乃至积极心理学的产生和发展。例如,自我实现概念引起了马斯洛和其他人本主义心理学家的实践探索,中年危机的概念被许多人认为是人格发展中的一个必要阶段,而且得到了许多后续研究者的支持。就心理治疗而言,荣格强调医生与患者的平等友善关系,对以后的心理治疗家具有重要的启发和借鉴价值。同时,就集体无意识理论本身来看,具有一定的合理性。它一方面扩展了弗洛伊德的个人无意识理论,另一方面将意识与无意识、理性与非理性、个体与群体、历史与现代,在个体心理分析层面联系起来,使人类对自己本性的认识更加全面。

其次,荣格的很多理论观点在科学心理学领域产生了持久的影响,并等待着进一步的检验。特别值得一提的是,荣格的八个心理类型开创了对个体差异的研究,并激起了大量的研究与应用。其中,迈尔斯和布里格斯在此基础上开发的人格类型量表(MBTI),已被广泛地应用于员工选拔和咨询。荣格关于内倾和外倾的理论还激励了英国心理学家艾森克,后者编制了莫兹利人格量表,这是用于测量两种态度的测验。如果说存在"实验室里的心理学"和"医疗实践中的心理学"两种心理学,那么,近年这两种心理学已经开始互相结合,有望形成统一的心理学。例如,当代人格与发展心理学家丹·迈克亚当斯(Dan P. McAdams)最近提出人格的"新大五"整合性理论,其中就包含了对荣格思想吸收的影子。

最后,荣格思想中的人文精神也许是他之所以能够获得持久且越来越多赞赏的最重要原因。这一方面体现在,他的理论内涵中强调人性积极的、创造的一面,另一方面体现在他对人类社会整体发展的关注和分析中。例如,他对集体无意识和原型的论述,指出原始的人性本身的东西虽然具有黑暗性,但本身是人的健康和平衡发展不可或缺的重要因素,其中蕴藏着创造力,是生命的源头活水。在对现代性进行反思的基础上,荣格认为现代人的意识过于发达,使无意识受到过分压抑,将导致人的异化,被压抑的能量很可能会以阴影等负面原型的形式进行补偿,从而反过来伤害人类自身。荣格特别强调具有超越性的"宗教情感"对人的健康的价值,而现代人缺少的正是这种东西。正是由于这些理论观点同时包含着合理性和人文精神,使荣格的思想超出心理治疗和科学心理学范围，广泛地影响了人文学科的发展，成为许多新思潮和新流派的先导。

然而，尽管存在着这些贡献，荣格的理论还是没有得到应有的重视，他观点的主要内容并没有在主流心理学中流行。他的观念后来引起了公众的广泛注意，也主要是由于其中的神秘内容。人们对荣格的批判也主要来自他思想中的主观性、神秘主义与东方色彩。诚如前述，一方面，荣格的思想具有自传的性质，很多内容来自他对自己的梦、幻觉和神秘体验的分析；另一方面，荣格的思想与对宗教、神话、炼金术的考察和分析有着紧密的联系，尤其是来自东方的思想和文化对他产生了重要的影响。即使是与弗洛伊德和阿德勒相比，荣格的思想也更加主观和具有内生性。因此，科学心理学批判荣格的理论，认为它太过主观和随意，无法进行验证，毫不可信。而西方文化的认同和坚守者们则批判荣格说他的理论陷入东方神秘主义，而他自己对东方并没有真正的了解，实质是一派胡言。还有那些具有政治意识的社会思想家，认为荣格的思想过分强调了非理性的因素，会影响社会的健康发展。

实际上，荣格自始至终都是一个独立和内倾的人，他思想的独立性和整合性，对人类灵魂孜孜不倦进行探求的努力，使他区别于很多心理学家。人们在评价荣格及其思想时，要有一种科学客观的态度，对其思想的合理方面要进行借鉴吸收，而对那些晦涩难懂的部分，则要保持一种谨慎开放的态度，既不能受神秘色彩的吸引而盲目相信，也不能一概否定，而是可以等待着其经受进一步的检验和考证。历史终将给这位人类灵魂的探索者以公正的评价。

# 10　塞利格曼：当之无愧的积极心理学之父

马丁·塞利格曼（Martin Seligman，1942—　），1942年8月12日出生于美国纽约州奥尔巴尼。他年少时喜好篮球运动，后因未能入选篮球队而开始专心读书。期间塞利格曼阅读的弗洛伊德著作《精神分析引论》给他留下了深刻的印象。

1964年，塞利格曼在普林斯顿大学取得文科学士学位，随后进入宾夕法尼亚大学学习实验心理学，1967年获得哲学博士学位，并于同年赴康奈尔大学执教，开始了他的职业生涯。1970年塞利格曼回到宾夕法尼亚大学，在精神病学系临床培训一年后，1971年重返心理学系担任副教授，并于1976年晋升为教授。期间，开始专注研究习得性无助、习得性悲观态度的理论，使他在抑郁症治疗和预防研究领域取得了伟大的突破。1978年，他重新系统地阐述了失助型式。正是上述研究基础和一件偶发的生活事件，使他开始转向积极心理学研究。1980—1994年，他担任宾夕法尼亚大学心理学系临床训练项目的主管。1996年以史上最高票数当选美国心理学协会(APA)主席。

自2000年起，塞利格曼一直致力于研究和推广积极心理学。2002年，他与同事合作编写了《性格力量和美德的分类手册》(*Character Strength and Virtues*：*A Handbook and Classification*)一书，为积极性格特质的研究做出了巨大的贡献。2003年，他创建了宾夕法尼亚大学应用心理学硕士项目组(Masters of Applied Positive Psychology Program)，并担任项目主管，这是首个着眼于积极心理学的硕士课程项目。作为积极心理学的始创人，塞利格曼的努力使积极心理学领域迅速地成长起来，出现了大量的相关研究。他现在正转向训练积极心理学家，这批心理学家将会使世界成为一个更快乐的地方。

迄今，塞利格曼已发表了200多篇论文，出版了20余部著作。其中广为人知的有《活出最乐观的自己》(*Learned Optimism*)、《认识自己，接纳自己》(*What You Can Change and What You Can't*)、《乐观的孩子》(*The Optimistic Child*)、《真实的幸福》(*Authentic Happiness*)和《性格力量和美德》(*Character Strengths and Virtues*)等。他在抑郁症防治和积极心理学领域的贡献为他赢得了众多的荣誉和奖项，《时代》、《财富》和《读者文摘》等著名媒体都给予其极高的赞誉。

## 一、积极心理学诞生的背景

“积极心理学”(positive psychology)是塞利格曼教授在1998年美国心理学年会上倡议及定位的。2000年，《美国心理学家》杂志(*American Psychologist*)刊登的《积极心理学导论》一文提出了这一概念，2002年出版的《积极心理学手册》则正式宣告了积极心理学的诞生。

时代背景。1996年,塞利格曼当选美国心理学会主席,他开始反思心理学的历史与发展。他认为二战前,心理学有三个历史使命:(1)研究消极心理,治疗精神疾患;(2)帮助所有人获得幸福充实的生活;(3)鉴别和培养天才。事实上,从二战以后,心理学完成的主要任务却仅仅只有治愈战争创伤和精神疾患,虽然也取得了重大成就,如DSM《心理障碍诊断与统计手册》第四版已成为一种世界通用性的精神和心理疾病的诊断标准,其中包含了340种左右的心理或精神问题的诊断标准及治疗方案,但心理学演变成了病理心理学、消极心理学。历史赋予心理学的另外两个使命,特别是第二个使命几乎没有得到发展。

在和平和发展的社会大环境下,尽管人们的物质水平、教育水平不断提高,娱乐方式也越来越丰富,但是人们的幸福感却没有随着社会的发展而提高。越来越多的学者振臂呼吁:心理学应该帮助普通人生活得更健康、更幸福。在这种情况下,积极心理学应运而生,它对人持积极乐观的评价,强调人的生命价值,同时致力于研究人的发展潜力和美德,以积极心态解读人的心理现象(包括心理问题)。积极心理学的目的在于帮助人们发现并利用自己内在的已有的资源,并且最大限度地发挥这些资源以获得幸福充实有意义的生活。

理论背景。早在20世纪30年代,就已经出现了有关积极心理学方面的研究,如推孟(Teman)对天才和婚姻幸福感的研究,以及荣格关于生活意义的研究。但是二战的爆发阻断了积极心理学的发展。直到四五十年代,一些研究者才重新开始探索和研究心理过程积极的方面,如提倡人本主义的马斯洛、罗杰斯,还有支持构建主义的学者,他们都关注心理活动的积极方面,认为人的本性是善的,人性是自主的、能进行自我选择的;关注自我实现和高峰体验等心理的积极方面,同时重视人的潜能开发;强调人在与环境相互作用的过程中是积极参与的,而不是被动地直接通过直接的直觉来获取知识。这在一定程度上吸引了学者对心理过程积极方面的研究,并对现代心理学的理论和研究范式产生了深远影响。

虽然塞利格曼一开始否认人本主义对积极心理学的影响,他认为人本主义和积极心理学的研究方法存在差异:人本主义学家过分强调主我而忽略客我,过分强调理论假设、推演类推而忽略实证研究,而积极心理学则倾向于实证研究,但是,随着积极心理学理论和研究的发展,他开始承认积极心理学和人本主义心理学有一定的理论渊源,并借鉴人本主义心理学的研究方法。

## 二、塞利格曼倡导的积极心理学要素

积极心理学研究涉及多个领域。目前主要集中在研究积极的情绪和主观幸福感体验、积极的个性特征、积极的心理过程对于生理健康的影响,以及积极的心理治疗等方面。

积极的心理情绪和主观幸福感体验。这是积极心理学研究的核心。传统的心理学有关情绪的研究大多有消极的倾向。例如,研究感到恐惧的人为什么常常会先想到逃跑。而积极情绪则具有发展性的特点。这有助于构建和巩固一个人的个人资源,如体力、智力、社会协调性和社会支持系统等,从而让人们达到更好的发展的目的。

目前对积极情绪和体验研究得最多的是关于主观幸福感研究。事实上,主观幸福感的探讨始于近代西方哲学领域关于德与福的讨论,而真正的实证研究始于20世纪早期,但是当时相关的研究并没有形成气候。主观幸福感成为研究热点是近十年的事情,众多的研究者提出了许多理论,做了许多实证研究,使积极情绪尤其是主观幸福感研究呈现欣欣向荣、蓬勃发展的态势。研究者用多种理论来描述主观幸福感的形成和发展,包括实现论/信息加工判断理论、基因或人格特质论等。关于影响主观幸福感因素的分析,也是研究者所热衷探讨的话题,包括二因素说和多因素说。这些相关影响因素的探讨大多离不开对个人客观生活环境(如经济因素、文化模式、身体健康状况、朋友关系等)以及主观的内在心理状态(心理资源或人格因素等)的讨论。

除主观幸福感外,其他的积极情绪,例如快乐/生活满意度等也是积极情绪与体验的研究重点。现有的研究发现,那些感到快乐和不快乐的人在认知、判断、动机和策略上都有所不同,而这种不同往往是内隐的,难以被意识到。许多研究对影响快乐和满意度感受的因素进行了探讨,基于他们的研究,研究者提出,为了提高快乐、幸福的程度,个体至少可以通过以下方式来进行自我调整:建立良好的人际关系并发展亲密友谊;选择价值观、兴趣、人格特征与自己相近的配偶;建立适当的期望值,因为它们的实现会给人欢欣鼓舞。

积极的人格特质与性格力量。塞利格曼等对积极的人格特质(positive personality)进行了系统研究,创造性地提出了实践价值(Value in Action,VIA)的概念,并对重要的积极品质进行了归纳和分类。他们首先对全世界范围内的各种不同的宗教、文化和法律体系进行了分析和论证,在众多的积极品质中,选出了进入实践价值系统的积极的人格品质(即性格力量),包括六大类核心美德(virtue)和 24 种性格力量(Character Strength)。性格力量与美德之间是从属关系,每一类美德包含几种性格力量。六类美德具体为:智慧(wisdom)、勇气(courage)、仁爱(humanity)、公正(justice)、克己(temperance)和自我超越(transcendence)。他们认为,这六类美德是人类各个种族共有的,在人类进化过程中对人类生存具有至关重要的作用。性格力量是六类美德的具体表现形式,塞利格曼特指个体在思维、情感和行为中体现出的积极品质。包括创造力(creativity)、好奇(curiosity)、开放思维(open-mindedness)、好学(love of learning)、见地(perspective)、真实(authenticity)、勇敢(bravery)、毅力(persistence)、热情(zest)、仁慈(kindness)、爱(love)、社会智力(social intelligence)、公正(fairness)、领导力(leadership)、团队精神(teamwork)、宽恕(forgiveness)、谦逊(modesty)、谨慎(prudence)、自律(self-regulation)、审美(appreciation of beauty and excellence)、感恩(gratitude)、希望(hope)、幽默(humor)和虔诚(religiousness),构成了积极心理学的实践价值系统。

在理论分析的基础上,塞利格曼等对54个国家及美国50个州的117676名成年被试进行了跨文化研究,结果表明进入实践价值系统的24项性格力量在各个国家的情况和美国各个州的情况吻合。研究者还在其他国家,如克罗地亚、英国、日本、瑞士、肯尼亚和丹麦等进行了跨文化研究,也都认可了这24项性格力量,表明实践价值系统有可能成为全世界通用的描述人的积极品质的分类系统。但人们在关注实践价值系统和性格力量的内容与关系时,更关心这些性格力量是否能够提高人的主观幸福感。

塞利格曼等人在2005年进行的一项研究表明,鼓励被试在日常生活中发挥他们所拥有的性格力量可以提升幸福感。国内的一些研究也发现,实践价值系统中所列的性格力量(如热情、宽恕、幽默、自律等)和生活满意度/幸福感呈正相关。目前,塞利格曼等人将培育个体拥有更多的性格力量,以及鼓励个体表现出更多的性格力量作为研究目标。现有的研究表明,生活环境及事件对个体所拥有的性格力量有显著影响。例如“9・11”事件发生两个月后,和信仰相关的性格力量有所上升。与青少年相比,成年人中更普遍的性格力量包括:真实、开放思维、见地、领导力、宽恕和虔诚。这些性格力量伴随着认知和情绪系统的成熟而随着年龄的增长而增加。相比而言,在青少年中更普遍的性格力量包括:创造力、团队精神、希望、毅力、热情和谦逊。这些性格力量似乎在青少年步入成年过程中被消磨而有所减少。这给青少年心理健康教育提出了严峻挑战。

积极心理过程与身体健康。积极的情绪状态(快乐、乐观、幽默等)是否能够充当积极生理状态的心理资源?研究发现,积极的情绪状态对于患者的身心状态有改善和促进作用,同时,良好的情绪状态能够让康复期缩短。

一项元分析研究发现,情绪在压力与疾病之间起到了中介的作用,积极的情绪更有利于提高个体的免疫力从而达到抵抗疾病的目的。而对特定人群的健康状况的研究发现,感染了艾滋病病毒的患者,如果对自己的康复能力抱有不切实际的乐观看法,他们在抵抗疾病、康复锻炼中的表现会更好。类似的研究还发现,积极的心理影响能降低糖尿病患者的死亡率。生理心理学的研究也发现,积极和消极情绪都可能引起体内特定抗体分泌的改变,从而改变一个人的免疫系统活动的强度,从而影响身体健康。对心理状态与生理健康关系的许多研究都得出了相似的结论。

积极的心理治疗。长期以来,传统的心理治疗一直存在着一种诊断病理式的治疗思路,把工作重点完全放在对病人问题的评估和治疗上。针对过去的心理治疗方法,塞利格曼指出,为了让患者正视问题而一味地让患者沉浸在消极的心理情绪中,并不利于实现心理治疗的目的,现实中较高的心理治疗退出率印证了他的看法。鉴于这种现状,他提出了用积极心理疗法(positive psychotherapy)来代替传统心理疗法的建议。事实上,采用积极的方式来进行心理治疗已经存在相当长一段时间了,而积极心理学不仅提供了治疗思路与方法论,而且让这种心理治疗方法发扬光大起来。同时,积极心理学也运用了最新的一些研究成果,补充了积极心理治疗的理论基础,使之系统化和可操作化。在这个意义上说,积极心理疗法或许会成为心理咨询师们的首要选择，为提高心理治疗的效果锦上添花。

塞利格曼在吸收了前人有关积极心理治疗的想法和做法后，在宾夕法尼亚大学心理咨询中心对积极心理疗法进行了实践检验。研究发现，无论对团体还是对个人采用积极心理疗法，都能显著地降低患者的抑郁情绪。相对于一般的心理疗法和接受药物的心理疗法而言，接受积极心理疗法的极度抑郁的个体能够更好地改善抑郁症状并得到恢复。同时，积极心理疗法还能提高一个人的幸福感。而相对于那些没有接受团体积极心理疗法的控制组学生而言，接受积极心理疗法的轻度至中度抑郁症学生能够显著地降低抑郁症状，并且提高生活满意度。特别是这种提高在治疗之后还持续了至少一年的时间。此外，在对门诊患者的研究中，所有指标都具有临床上的显著性，也有力地彰显了积极心理疗法的优越性。

## 三、积极心理学对心理健康教育的启示

根据积极心理学的理论观点，教师和学生都是成长、发展中的个体，而不是教育与被教育的对立关系，教师要培养自己的积极心理，也要以积极的心态看待学生，看到学生的“闪光点”，重视学生个体自我成长的经验。所以，心理健康教育应从良好的师生关系开始。关注教师的积极心理体验，关注教师的心理健康，将有助于为学生营造出良好的真实的学习生活环境，帮助学生形成积极的组织系统，在这个组织系统中有积极的生生关系、师生关系、师师关系，当然还包括学校管理者与学生和教师之间的关系，所以心理健康教育不仅仅是一项简单的教育教学活动，而更应该渗透于学校各项工作的点点滴滴、方方面面，即实现心理健康教育的全员、全程和全方位。同时，积极心理学重视自我发展，更强调积极人格特质的重要性，这种观点决定了学校心理健康教育的方法必须多元化。心理健康教育应尽可能地渗透、融入

到各门学科的课堂教学工作中去,在课堂中教师能充分发展和运用自己的积极心理,这样不仅有利于课堂教学计划的顺利实施以及教学效果的提高,也能帮助学生发展积极的心理品质。

根据积极心理学的研究成果,个体积极品质的形成离不开良好的环境,即建立一个有效的学校生态系统和社会支持系统,可以帮助师生快乐学习、健康成长、幸福生活,促使他们在未来应对压力与挫折时,更多地采用积极方式,更好地减少或应对压力带来的伤害。青少年学生的生理和心理都在不断的发展中,他们生活环境的变化有时也不可避免,如升学、转学、换班、就业、择业,甚至是因各类原因产生的家庭人员结构的变化等等,这些都是他们未来可能面临的环境变化。那么,如何应对这些变化呢?这就需要来自于学校、家庭和社区的共同关注,建立"三位一体"的社会支持系统,借助这个积极支持系统,青少年学生应对环境变化与挫折时,就更倾向采用积极的看法与应对方式,使他们对变化的环境能更好、更快地适应,有利于提高心理素质和心理健康水平。

# 11 鲍尔比:从母爱剥夺到依恋理论

约翰·鲍尔比(John Bowlby,1907—1990)是英国心理学家、精神病学家和精神分析学家。1907年2月26日出生在伦敦一个中上阶层家庭。父亲是一位著名的外科大夫。4岁前的鲍尔比一直有保姆陪伴,后来保姆的离开被他描述为如同失去母亲一般。1914年,鲍尔比被送往寄宿学校。1918年,约翰和哥哥被送往另一所寄宿学校。大概正是这样的成长经历,成为其日后研究依恋与分离问题的前提和基础。

1921年鲍尔比就读于达特茅斯的皇家海军学院。1924年,他放弃了在皇家橡树号战列舰的海军学员训练,在伦敦接受了必要的培训后,进入剑桥大学学习与医学相关的自然科学。两年后,鲍尔比转向了精神科学习,课程涉及哲学和心理学领域。毕业后,鲍尔比跟随琼·里维耶(Joan Riviere)开始了精神分析的训练。1937年,他获得了精神分析师资格证书。鲍尔比第一篇关于依恋和分离的研究成果发表于1938年。二战中,他是皇家陆军医疗队的中校。二战结束后,鲍尔比被任命为塔维斯托克诊所儿童部的负责人。1948年,曾经为安娜·弗洛伊德(Anna Freud)服务的詹姆斯·罗伯逊(James Robertson)成为了鲍尔比的工作助手,给他的研究工作带来了很大帮助。1950年,鲍尔比开始担任世界卫生组织的心理健康顾问。

1951年鲍尔比出版了《母爱关怀与心理健康》(*Maternal Care and Mental Health*)。他认为,"婴幼儿应该经历一段与母亲(或母亲角色的永久替代人)的温暖、亲切和连续的关系,并在其中得到满足和享受"。从50年代开始,鲍尔比综合进化生物学、习性学、发展心理学、认知心理学和控制论等领域的最新研究成果,开始构建新的研究框架,研究成果集中地体现在《依恋三部曲》中。1990年,鲍尔比在苏格兰的斯凯岛逝世,享年83岁。

鲍尔比的主要著作包括《母爱关怀与心理健康》(*Maternal Care and Mental Health*,1951)及《依恋三部曲——依恋与丧失》(*Attachment and Loss*),即第一部《依恋》(*Attachment*,1969)、第二部《分离:焦虑和愤怒》(*Separation:Anxiety and Anger*,1973)、第三部《丧失、悲伤及抑郁》(*Loss, Sadness and Depression*,1980)等。

## 一、鲍尔比的母爱剥夺研究

鲍尔比对母爱剥夺(Maternal Deprivation)的关注,是从失调儿童、不良少年的案例开始的。在他看来,这些孩子的心理发展问题与其从小生活在母爱缺失或家庭关系糟糕的环境中有直接关系。正是这些个案的触动,再加上自己童年经历的影响,鲍尔比将儿童精神病学确立为自己的事业方向,并将关注的重点具体到了母爱丧失或剥夺给儿童造成的影响问题。

鲍尔比认为，婴幼儿时期的儿童处于一个必须依赖母亲的阶段，只有母亲能够给予其所需要的一切，因此，与母亲的关系对婴幼儿来说至关重要，而对这种关系的破坏，则意味着有可能对其后来的心理健康造成巨大的不可逆的创伤。这一观点后来在其1951年出版的《母爱关怀与心理健康》中进行了充分阐释。他通过对美国和欧洲战争儿童案例的研究，提出了母爱剥夺的危害，也指出了大型机构养育方式存在的问题。针对患病儿童的照顾问题，鲍尔比和詹姆斯·罗伯逊(James Robertson)合作，进行了跟踪观察和研究。他们合作拍摄了纪录片《两岁孩子去医院》(*A Two-Year-Old Goes to Hospital*)，呈现了患病儿童在前往医院治疗时被迫与家人短暂分离的情形，证实了鲍尔比的观点，即患病儿童不应当与家人分离，由母亲来陪伴和照料的方式最有利于儿童的康复，更重要的是，这样的方式不会在儿童的心理发展中造成伤害。

鲍尔比的母爱剥夺研究，最受关注的问题是其对于母亲角色的定位。他对母亲角色重要性的强调，既成为让人耳目一新的亮点，也成为后来被争议甚至被质疑的焦点。在理论层面，鲍尔比明确地提出了儿童的人际关系经验是他们心理发展的关键这一鲜明的观点，而儿童与母亲的关系，正是这一发展时期中最重要的人际关系经验。这成为后来鲍尔比依恋理论研究的基础，也成为心理学关注儿童心理发展的全新视角。这对儿童人际关系(亲子关系)的关注成为儿童心理健康的重要分析视角。这对于儿童心理健康的理论研究和治疗干预工作，都具有重要的理论价值。由于母亲在儿童的人际关系中居于主动地位，在干预角度，鲍尔比的理论则体现为可以通过对母亲的帮助来实现对儿童心理发展的帮助。根据他的主张，如果给予母亲适当的干预和调整，比如说通过对母亲童年生活的回溯，使其重新体验小时候的经历并感受到被接纳，会非常有助于母亲与自己孩子相处中的共情与接纳,有助于良好的亲子关系的建立,从而实现对儿童心理发展的积极影响。在实践层面,鲍尔比对母爱的关注显然有利于整个社会对母亲角色的重视与关爱,并直接影响着寄养儿童和患病儿童处境的改善,使他们的心理健康问题和心理发展状况成为关注的重点。但同时这一理论也被一些政治组织所引用,成为其反对女性将孩子放入机构养育而投身工作的重要论据,这又不利于女性社会地位的平等实现。

## 二、鲍尔比的依恋理论研究

习性学视角的理论框架。在鲍尔比对其所关注的母亲与孩子分离对孩子造成的创伤性影响进行研究时,习性学的理论框架进入了他的视野,特别是洛伦茨(Lorenz)对小鹅的印刻现象的描述引起了他极大的兴趣。鲍尔比正式阐释其构建于习性学和发展心理学基础之上的依恋理论框架,是在他提交给英国精神分析学会的三篇文章中,这三篇文章分别是《儿童连接母亲的本能》(*The Nature of the Child's Tie to His Mother*)(1958),《分离焦虑》(*Separation Anxiety*)(1959)和《婴幼儿的悲伤与痛苦》(*Grief and Mourning in Infancy and Early Childhood*)(1960)。应该说,这些文章共同构成了鲍尔比依恋理论的基础理论框架,描绘了他基于习性学概念的依恋理论的图景。

在《儿童连接母亲的本能》一文中,鲍尔比回顾了当时流行的精神分析理论对于儿童与母亲连接的解读。鲍尔比对传统精神分析理论用满足需要的内驱力来解释母婴之间的连接并不认同,在他看来,两个月的婴儿具有明显的依恋行为,而这些行为是由大量的本能反应构成,这些本能的反应,将母亲与孩子,孩子与母亲连接了起来。为了支撑上述观点,他研究了同时期其他学者对婴儿的认知和社会性发展所进行的观察研究数据,比如说皮亚杰(Piaget 1951, 1954),还整理了自己多年以来在伦敦参与的一个对年轻母亲进行支持的组织里所获得的经验。在对婴儿的发展进行了充分的研究之后，鲍尔比引入了廷伯根(Tinbergen，1951)等人的行为学概念，包括符号刺激、社会性释放等。其中源于行为学理论的"刺激可能是来自内部也可能是来自外部"的观点是招致传统精神分析学者批评的重要原因，因为他们认为这样的行为主义取向的研究忽视了心理现象本身。

在《分离焦虑》中鲍尔比认为，只要情境发生变化，婴儿的分离焦虑就会随之出现，不一定是由于依恋对象不存在。在这篇文章里，鲍尔比还讨论了泛滥的或者不真实的母爱对婴儿的危险问题。在鲍尔比看来，不真实的和过度保护的母爱是源于一种补偿心理。事实上，婴儿如果出现过度的分离焦虑，往往与其不愉快的家庭经历相关，比如说被父母反复用抛弃来威胁或是拒绝，或者在失去兄弟姐妹的经历中承受了特殊的家庭责任等。此外，鲍尔比还在文章中讨论了另外一类案例，就是分离焦虑水平低于常态甚至缺失的情况。在他看来，这是一种处于防御状态的伪独立水平，并非真实的成熟状态。事实上，得到充分关爱的儿童会用抗议的方式来应对父母的分离，但是他们也会很快发展出很好的自我依赖。

在《婴幼儿的悲伤与痛苦》一文中，鲍尔比的观点与安娜·弗洛伊德(Anna Freud)的观点产生了分歧，即婴幼儿是否会感到悲伤？安娜认为，婴幼儿尚未获得足够的自我发展，所以在发生丧亲事件时，如果有替代的照顾者给予相应的满足，那么婴幼儿是无法体会其中的差异性的，因此不会因为丧失亲人而感到悲伤和痛苦。但鲍尔比的研究质疑了这种观点。他认为，只要依恋行为被启动，无论是婴儿还是成人，都会感到悲伤和痛苦。

至此，鲍尔比构建的依恋理论框架基本形成。基于习性学和生物进化论的观点，他特别强调了依恋的生物功能。鲍尔比认为，依恋行为的生物功能具体体现为保护儿童不受进化环境中有害因素的伤害，因为在客观上,弱小的婴儿需要与照顾者保持一种特定的亲近以保证自身的安全感。所以,婴儿与母亲(主要照料者)之间密切的依恋关系,是婴儿适应生存需求的一种本能。正是这种亲密关系提供的安全感,向儿童提供了他所需要的勇气,使他开始摆脱对母亲的依恋,转而向外部世界进发。依恋理论的核心主张,就是形成密切的依恋关系(安全依恋),并基于此关系摆脱依恋。

依恋三部曲:多学科研究平台的整合成果。尽管没有得到当时主流精神分析学家们的认同,但鲍尔比仍然坚持着自己的研究理想。在这段时间里,鲍尔比遇到了很多让他感兴趣的大学者,如皮亚杰、埃里克森、赫胥黎、洛伦茨和米德等。这些学者的研究思路和方法进一步丰富了鲍尔比的研究视野,鲍尔比也开始将他们的研究成果运用于自己的研究工作中,验证自己的研究设想,深化自己的多学科研究框架,获得了具有创新价值的研究成果。

作为自己关于依恋问题研究的总结性成果,从 1969 年开始,鲍尔比陆续出版了他的《依恋三部曲》。在 1969 年的第一部《依恋》中,鲍尔比阐释了他关于婴儿对母亲的依恋行为的研究视角,提出了动机理论与行为调节的观念,并应用这些观念来解释婴儿与母亲特定的依恋行为,从而界定依恋行为的概念是一种寻求接近依恋对象的行为,是婴儿避免自己处于危险之中的自我保护行为。在 1973 年的第二部《分离:焦虑和愤怒》中,鲍尔比重新回顾了弗洛伊德内在世界的概念,认为在个人的内部工作模式中自我及依恋对象是非常重要的,因此,提供让婴儿自由探索的机会,并发展出相应的自我是非常有价值的。如果父母经常拒绝婴幼儿孩子的要求使他们无法得到满足,孩子会在内部工作模式中认为自己是没有价值的、没有能力的;而由于个人内部工作模式的作用,会使婴幼儿能预期依恋对象的行为,然后在内心计划自己的反应,因而建立起两者的依恋关系。在 1980 年的第三部

《丧失、悲伤及抑郁》中，鲍尔比使用了信息处理系统理论，来解释内部工作模式稳定性的逐步增加以及防御性的扭曲。这一观点基于以下两点，一是互动模式逐渐成为习惯并且自动化，二是亲子间的互动性已经逐渐习惯，并反对改变目前的状态。

## 三、鲍尔比依恋理论的主要贡献与争议

根据对鲍尔比的研究框架的回溯，人们看到，鲍尔比一生的研究都集中在儿童与母亲的依恋关系及其对心理发展带来的不可逆的影响。他执着于自己的研究理想，敏感地捕捉到了最新的科学研究成果和研究范式，应用于自己的研究，从而创造了多学科平台的研究范式，取得了具有创新价值的研究成果。鲍尔比对研究工作的专注、对科学精神的执着、对新知识和新理论孜孜不倦的吸收，以及在研究工作中的创新精神，获得了人们的高度认可，即使在当时不能认同他的理论主张的一些学者，也在后来对他的研究工作表达了充分尊重。

鲍尔比的依恋理论是基于习性学、控制论、信息处理系统理论、进化生物学、认知心理学、发展心理学和精神分析等多学科平台研究的整合。在鲍尔比看来，依恋是人类在生物进化的时候已被预置的通向生存的密钥。对母亲的依恋关系是婴儿成长的基本和主要力量，奠定了应对挑战、关系处理以及人格发展的基础。这一观点在当时被认为是离经叛道的观点。因为这个观点挑战了传统弗洛伊德的理论，且与其当时所处的英国社会的主流观点存在严重分歧。但是，正是鲍尔比不懈的工作和努力，为儿童心理发展的研究提供了全新的视角和理论框架，将行为学的概念、系统控制理论的方法都引入到了儿童心理发展的研究工作之中，使相关研究进入了创新性的阶段。

在理论研究领域，鲍尔比的这些理论主张在后来被广泛接受，成为研究亲子关系、儿童心理发展等课题的重要理论依据；其研究方法

和主要观点还从母婴依恋的范畴扩展到成人依恋关系的研究,得到了广泛的应用。在临床应用领域,他的理论主张也给治疗师们以启发。因为鲍尔比认为在母婴关系中,父母的行为对婴儿的作用,比婴儿对父母的作用要大得多,这一具有预见性的观点虽然同样饱受争议,但是其应用于预防干预的含义不言而喻。因其在儿童发展和依恋理论方面的卓有成效的研究工作,鲍尔比于 1989 年获得了美国心理学会授予的“杰出科学贡献奖”。

当然,对于鲍尔比理论的争议,从其理论产生开始,从来都没有停止过,从一开始精神分析学者的强烈反对,到后来对鲍尔比行为主义取向的质疑,再到对具体的研究证据的怀疑。在这些争议中,有一些被证明是观念的固守所致,而有一些,则属于研究方法问题,在鲍尔比自己和后来的继承者的努力下,不断地进行着修正和深化。虽然有这些批评和争议,但是鲍尔比的依恋理论仍然是 20 世纪心理学值得关注和尊重的研究成果,它的许多预言一直处在充分的检验中,更多关于依恋行为不同类别的研究,比如关于父爱、兄弟依恋和祖父母看护的研究,以及成人依恋的研究,不断使依恋理论得到发展和完善。

# 12 沃尔普:行为治疗与系统脱敏技术的创新者

约瑟夫·沃尔普(Joseph Wolpe,1915—1997)是美国著名的行为治疗心理学家。1915年4月20日出生于南非约翰内斯堡。

沃尔普从小立志成为化学家,后来听从父母安排,进入南非维特沃特斯兰德大学学医,并获得医学学士和化学学士学位。二战爆发后,他作为医疗人员服役,从事"战争神经症"(即"创伤后应激障碍",PTSD)士兵的治疗工作。由于缺少成功的治疗案例,他对当时占统治地位的精神分析疗法产生了怀疑,从此走上了心理治疗探索的道路。二战后,沃尔普回到母校工作。1946年,开始对猫进行神经症实验研究。在大量研究的基础上,他提出了交互抑制理论,创立并发展了系统脱敏技术。1948年,沃尔普获得博士学位,同时在家乡一所大学的精神医学系兼职授课。从1950年开始,他就以其追求科学的激情和创造力天赋,积极投入到行为治疗的研究中。1956年,沃尔普在美国斯坦福大学行为科学中心工作了一年,并获得基金会的奖学金。1960年,沃尔普与家人移民到美国,在弗吉尼亚大学任教五年。1966年,他接受了费城坦普尔医学院的聘请,成为一名精神病学教授,在那里一直工作到1988年退休。其间制定了评估主观不适或疼痛程度的心理困扰量表"主观干扰程度量表"(Subjective Unit of Disturbance Scale, SUDS)。SUDS量表建立在个体自我评估的基础上,是评价治疗进展的专业性量表。沃尔普退休后全家搬到了加州,成为佩珀代因大学的特聘教授并任教九年。1997年12月4日,沃尔普因肺癌在美国加州洛杉矶与世长辞,享年82岁。

沃尔普也是一位高产作家,发表了上百篇影响深远的论文和著作。代表作有《行为治疗实践》(1958)(*The Practice of Behavior Therapy*)、《交互抑制心理疗法》(1990)(*Psychotherapy by Reciprocal Inhibition*)和《没有恐惧的生活》(1981)(*Life Without Fear*)等。

## 一、行为治疗产生的背景

自20世纪70年代起,行为治疗以其独特的治疗体系与卓有成效的治疗方法,逐渐在心理治疗领域中占据了优势,被誉为心理治疗领域的第二势力。对此,沃尔普做出了巨大贡献。

巴甫洛夫的经典条件反射。行为治疗以行为主义理论为基础,其发展历史可追溯到20世纪初俄国生理学家巴甫洛夫(Ivan Pavlov)的经典条件反射实验。在实验中,他将食物(无条件刺激)放在饥饿的狗面前时,狗会自动分泌唾液(无条件反射)。然后,巴甫洛夫在每次给狗喂食之前先让狗听铃声,这样铃声和喂食经多次结合后,铃声再一次出现的时候,狗就会分泌唾液。这时,铃声已成为进食(无条件刺激)的信号,称为条件刺激。即某一中性环境刺激(无关刺激)通过反复与无条件刺激相结合的强化，最终成为条件刺激，引起了原本只有无条件刺激才能引起的行为反应的过程。

华生和琼斯的人类行为实验。行为主义创始人约翰·华生(John Watson)深受巴甫洛夫经典条件反射理论的影响，并开始将该理论应用于对人类行为的实验研究，即“小艾伯特”(Little Albert)实验。艾伯特是一个九个月大的婴儿，他原来不害怕小白鼠且曾与小白鼠玩耍过。但在实验中，每当给艾伯特看小白鼠时，实验者就猛敲铜锣把他吓哭。经过连续多次的配对呈现白鼠和铜锣声后，艾伯特一看见小白鼠便开始哭叫并迅速躲避，形成了恐惧性的条件反射。不仅如此，他习得的这种恐惧反应甚至会泛化到小白兔、白围巾、棉花等其他物体上。实验表明，人可以通过条件反射习得某些行为，当这些行为阻碍了人类更好地适应社会和生存的时候，就成为心理障碍或不适应的行为。

四年后，另一位行为主义心理学家琼斯(Mary Cover Jones)用行为心理学的方法成功治愈了一个叫彼得的男孩。彼得特别害怕兔子、白鼠等，甚至对皮毛和棉绒也非常害怕。实验者首先创设了一个安全的环境，让彼得和其他孩子一起玩，并给他食物。当他玩得正高兴时，就把一只兔子呈现在他们面前。最初，彼得很害怕。但是随着这一过程的反复进行，他的恐惧开始减弱。慢慢的，他能够容忍兔子跟自己越来越近，最后，经过这一训练过程，他可以将兔子抱在怀里抚摸，原有的恐惧反应彻底消除。这就是传统的行为疗法，琼斯以条件反射原理为依据对恐惧症进行了治疗，其中已经蕴含了“系统脱敏法”的基本思想。

沃尔普的发展性研究。沃尔普使用巴甫洛夫的经典条件反射理论，将猫关进实验笼里，先响铃声后给予电击，使猫患上了恐惧与焦虑症。如何治疗呢？沃尔普认为，焦虑症状抑制了进食，那么在不同的情境中,食物或许可以抑制焦虑反应。他将猫放在与实验室布置完全不同的房间里,环境的改变缓解了猫的焦虑,猫经过犹豫开始毫无顾忌地进食。接着,沃尔普把进食的地方移到一间与实验室相似的房间里。猫开始时焦虑不安之后继续进食。他又把进食的地方升级为那间实验室,但是远离实验笼。猫重返受伤害之地焦虑不安是可想而知的。然而,又经过一番努力,猫再次完成了进食。最后,把进食位置越来越移近实验笼乃至移到笼里,猫仍然完成了进食。但是,如果此时铃声大作,猫又会惊恐万状拒绝进食。沃尔普认为,更换环境只能引起焦虑反应的视觉刺激(实验室及实验笼)逐渐失去作用,而对于能引起猫焦虑反应的听觉刺激(铃声)却无济于事。于是,沃尔普又采用同样的方法,让铃声由远及近,由弱变强,使猫逐步适应,消除了猫对铃声的焦虑反应。这就是沃尔普的"系统脱敏法"。沃尔普认为,动物神经性症状的产生和治疗都是习得的。因此,他认为治疗人类神经症的方法也可由此发展而来,于是提出了交互抑制理论(reciprocal inhibition)以减少神经症行为,并从该范式出发,发展了系统脱敏技术(desensitization)。他认为,通过教给病人在压力情境中放松的方法,让他们面对恐惧,可以有效治疗焦虑或恐惧症状。实践证明,沃尔普的治疗方法是成功的,并一直在现代心理治疗中使用。

## 二、行为治疗的特点和优势

行为治疗方法的形成和发展经历了一条与精神分析疗法完全不同的道路。精神分析理论是先有临床治疗效果,然后再建立理论假说;行为疗法则是先在心理学实证研究基础上,建立起行为主义心理学的联结主义学习理论,继而使用该理论去寻找解决患者心理问题的临床心理治疗方法。其治疗过程明快简洁,疗效显著,应用范围广泛。行为疗法不仅用于治疗各种神经症,如强迫症、恐惧症、焦虑症,而且用于治疗各种身心疾病，如高血压、冠心病、心律失常、偏头疼、哮喘病等；不仅广泛用于矫正儿童或成人的各种不良行为问题，如吸烟、吸毒、酗酒及各种反社会行为，而且广泛用于矫治各种性功能障碍和性行为偏离。

尽管如此，行为治疗还是受到了心理学研究者的质疑与批评。很多研究者认为，行为疗法虽然来自于实证研究，但大多数实验是以动物为研究对象。实验中，动物形成的不适应行为是刺激一反应之间形成一定的联结过程，而人与动物的最大不同，就是人具有主观能动性，人的心理过程，如认知、情感、意志、动机等因素在刺激和反应之间起到了重要作用。因此，行为治疗忽视了人的意识或内在心理过程的作用，而只是关注患者外在的行为表现，束缚了行为治疗的进一步发展。

行为疗法认为，人的非适应性行为是习得的，需要应用基本的学习技术，通过替代反应去矫正人类的非适应性行为。治疗中鼓励来访者积极行动，一步步地实现具体的改变。行为疗法更关注的是如何缓解患者的症状，而不是找出引起症状的原因。如，在治疗强迫症过程中，行为治疗师会试图减轻患者的强迫行为，而不是去分析患者患上强迫症的原因；认知治疗师则会认为导致人出现心理障碍的原因是不合理的信念和认知偏差，从而聚焦于改变患者的非理性的认知，建立理性的人生观；人本主义治疗师则会寻找症状背后的内心症结，引导来访者接纳自我，发挥其内部的潜在资源，以达到治疗的效果。可见，不同的心理疗法在治疗过程中各有侧重。在心理治疗发展的过程中，不同学派之间一直争论不休。然而，人们可以确定的是：行为治疗师为治愈患者心理障碍提供了新思路。

## 三、行为治疗中的交互抑制和系统脱敏思想

交互行为就是彼此之间竞争的行为。如果某情境刺激引发了一

定的反应,而新刺激的进入可能会引起不同的反应,那么旧的反应可能被削弱。随着个体对新刺激反应的行为增加,发生了新的学习,旧的行为会逐渐完全消退。沃尔普发展了交互抑制的学习理论。他指出,如果能使一种与惧怕或焦虑情绪不能共存的反应,在产生恐惧或焦虑的刺激面前出现,那么,这种刺激就能抑制这种惧怕或焦虑的反应。沃尔普认为,表现为神经症的那些不适当行为是个体学习的结果,要治愈也必须经历学习的过程。在临床治疗上,焦虑与放松、快乐与悲伤等两者是不可能同时共存、只会相互抑制的成对的心理状态。因此,只要对患者进行系统性的放松技术的训练,让其对某种刺激的过敏性反应逐渐递减直至消除,就可以抑制焦虑等心理反应。这一临床技术就是系统脱敏技术,已成为大多数行为疗法的实践基础。

系统脱敏技术分为三步。第一步就是教会来访者掌握放松技巧。沃尔普改进了雅各布森(Jacobson)的放松技术,将放松的时间调整到更短。第二步是深入了解来访者的异常行为表现(如焦虑和恐惧)是由什么样的刺激情境引起的,帮助来访者把引起焦虑的情境划分等级。第三步,让来访者从最低等级的焦虑开始,想象产生焦虑的刺激情境,同时做放松练习。治疗师要不断根据来访者的反应调整刺激的强弱。这样循序渐进,有系统地把那些习得的、强弱不同的焦虑反应,由弱到强一个一个地予以消除,最后把最强烈的焦虑反应(即人们所要治疗的靶行为)也予以消除(即脱敏)。

系统脱敏技术在临床上多用于治疗恐怖症、强迫性神经症,以及某些适应不良性行为,在心理治疗实践中疗效显著。不仅如此,系统脱敏技术治疗时间周期短,只需要为期数周的时间,就可以帮助很多经过接受年复一年的集中精神分析疗法却最终无法解决其行为症状的患者走出困扰。然而,系统脱敏法在心理治疗中也有其自身缺陷。一方面,系统脱敏法主要应用于人际关系紧张、恐怖症、强迫症等神经症的治疗，而不适用于人格问题的矫治。另一方面，在进行系统脱敏治疗的过程中，来访者不能正确确定焦虑的等级、不能进入想象焦虑的情境或者不能进入放松状态，都会影响系统脱敏的实践效果。

当然，人们不可能要求系统脱敏法对所有心理问题的治疗都有效，其操作过程中的局限性也需要治疗师和来访者不断在实践中学习和调整。总体而言，沃尔普的系统脱敏法是成功的，其产生及应用完成了从行为主义心理学的学习理论到行为治疗的临床技术的飞跃，把人类行为治疗的历史推进到了一个新的阶段。

## 四、小结与展望

沃尔普的行为疗法思想有着广泛而深远的影响，在行为治疗学界取得了丰硕的成果。他在研究动物神经性症状的基础上，提出了“交互抑制理论”，并发展了具有创新意义的“系统脱敏技术”，为心理治疗领域找到了一项建立在人类行为基本规律上的治疗方法，为治疗人类的心理疾患做出了巨大贡献。特别是他将对动物精神疾病的研究成果转化为治疗人类神经症的临床实践技术，完善了治疗人类焦虑的原始而有效的方法，许多精神科医生开始将系统脱敏疗法应用于临床以治疗恐怖性神经症，从而使行为治疗实践的力量不断壮大起来。到了20世纪70年代，行为治疗在世界的整个心理治疗领域中，已经超过了精神分析治疗而占据绝对的优势地位，成为整个心理治疗发展的第二个里程碑，沃尔普功不可没。

行为治疗尽管仍然存在一些不足，但其开放性确是不容置疑的。行为治疗在建立之初就呈现出百家争鸣的局面。它不像精神分析疗法，在理论上师承弗洛伊德，而是很多研究者依据各自的研究和观察提出了各自的学说，这些学说共同组成了行为治疗的理论基础，如巴甫洛夫、华生、桑代克、斯金纳等。在治疗心理疾患的临床实践中，行为治疗也取得了迅速发展,它以短期治疗的优势,开放性的姿态,汲取了其他学派的精华,体现了旺盛的生命力。

第一,行为治疗在认知心理学的强大思潮和社会学习理论的冲击下,从理论指导到具体方法都发生了变化。行为治疗家已经放弃了极端的行为主义理论及单一的、片面的强化观点,而是重视在刺激和反应之间的中介调节因素的作用,如人的认知、情绪、动机和意志等因素。同时,认知疗法也意识到,认知与行为关系密切,认知的变化可导致行为的转变,行为的转变又可引起认知的更新,二者在治疗中的结合越来越紧密,逐渐整合为认知行为治疗。

第二,行为治疗的另一趋势是行为治疗家对人格障碍的关注。早期的行为治疗只关注患者的症状或问题行为,对其人格结构并不感兴趣,也无意处理其人格障碍问题。现在,行为治疗家认识到,人格健全是关系到治疗成败的重要因素。20 世纪 90 年代,美国华盛顿州立大学行为科学系教授玛莎·莱恩汉博士(Marsha M. Linehan)在传统的认知行为疗法基础上创立了辩证行为疗法。辩证行为疗法将行为科学理论、辩证哲学以及禅宗实践理论进行了整合,在实际治疗中汲取不同心理治疗学派之精华,如心理动力学、以来访者为中心以及认知行为治疗等,帮助人们认识自我,调整情绪,建立有效的人际关系以及顺其自然,学会忍受生活中不可避免的痛苦,是对目前边缘人格障碍等问题最有效的治疗方法之一。

可以说,正是由于沃尔普等早期行为主义学派心理学家的努力,推动了心理治疗的发展,心理治疗才能在今天形成如此生机勃勃、流派纷呈的局面。

# 13　阿德勒：社会文化定向的个体或自我心理学

阿尔弗雷德·阿德勒(Alfred Adler,1870—1937)是个体心理学的创始人,现代自我心理学之父。1870年2月17日出生于奥地利首都维也纳郊区。父亲是一名犹太商人。阿德勒从小生活舒适安逸,但他却认为自己的童年是不幸的:体弱多病,患有佝偻病,直到4岁才会走路,后又患上了肺炎。他并没有让身体上的缺陷压倒自己,相反,这刺激了他的上进心。他5岁时上小学,9岁时进入弗洛伊德14年前上过的中学,并由差等生变成了优等生。

中学毕业后,阿德勒如愿以偿进入维也纳医学院,系统学习了心理学、哲学的有关知识。1895年获医学博士学位。毕业后,他先在维也纳医学院实习了一段时间。1896年应征入伍。1897年到1898年又回到母校深造。1910年当选为维也纳精神分析协会主席。但是,阿德勒不赞同弗洛伊德的性决定论,强调社会文化因素在人格形成和发展中的决定作用。他与弗洛伊德的分歧日渐显露,1911年辞去了主席职位,并退出该协会。1917年,阿德勒发表了《器官缺陷及其心理补偿的研究》(*Study of Organ Inferiority and Its Psychical Compensation*),首次引入了"自卑情结"的概念。他认为,自卑使人以超于常人的努力和汗水补偿生理上的缺陷。同年,在其《神经病的形成》(*The Neurotic Constitution*)中提出他的新心理学。1918年,又提出了"社会兴趣"这一概念。20年代,他任教于维也纳教育学院,参与了儿童指导师资培训。此后他到欧美各国讲学并受到热烈欢迎。1926年成为哥伦比亚大学的客座教授,1932年成为长岛医学院心理学教授。1934年定居于纽约,次年创办《国际个体心理学杂志》。1937年5月28日,阿德勒因心脏病逝世于苏格兰的阿伯登。

阿德勒是精神分析学派内部第一个反对弗洛伊德心理学体系的心理学家,从生物学定向的本我研究转向社会文化定向的自我心理学。被认为是20世纪最著名的100名心理学家之一,排名第67位。著有《理解人性》(*Understanding Human Nature*,1927)、《个体心理学的实践与理论》(*The Practice and Theory of Individual Psychology*,1927)、《生活的科学》(*The Science of Living*,1929)、《自卑与超越》(*What Life Should Mean to You*,1931;中译名)、《儿童教育》(*The Education of Children*,1930)以及《社会兴趣:人类的挑战》(*Social Interests:A Challenge to Mankind*,1933)等。

## 一、阿德勒的个体心理学理论

阿德勒认为,个体心理学并非强调个别差异的心理学,而是指试图理解作为一个有机整体的个体的经验和行为的科学。个体应在正确理解生活意义的基础上,进行积极的心理补偿,学会合作之道,培养健康的社会兴趣，不断超越自我，实现自身和社会的和谐发展。

人性观与基本观点。阿德勒强调人的整体观，认为个体是一个与社会、与他人不可分割的有机整体，一个有自己独特目的、寻求人生意义、追求未来理想的和谐整体。以追求优越为统一人格的核心和总目标，以器官缺陷（后扩展到心理、社会方面）的自卑与补偿为人格发展的动力，以生活风格与创造性自我为个人定型化的行为模式，以社会兴趣为个体形成关心社会、公共意识的精神的标志。

自卑与补偿。阿德勒认为，当个体面对困难情景时，一种无法达到目标的无力感与无助感，对自己所具备的条件、作为和表现感到不满和失望，对自我存在的价值感到缺乏重要性，对适应环境生活缺乏安全感，对自己想做的事情不敢肯定，这就是自卑感。自卑始于婴儿时期。随着年龄的增长，个体发现了自己对目标追求过程中的力不从心，这种体会加重了个体的自卑感。阿德勒认为，自卑感是人格发展的动力。如果个体能在自卑的影响下，把自卑感表现为前进的动力，补偿其缺陷就会获得成功。当个体不能恰当地处理问题，因自卑而逃避，并形成了不敢面对现实的习惯，进而导致对社会、对世界的敌对态度时，这种自卑情结就会阻碍个体人格的发展。每个人都有不同程度的自卑感，而优越感即是自卑感的补偿。

追求优越。阿德勒认为，人的全部心理表现都是由目标引导的，这种人所奋力追求的目标就是一种优越。追求优越（Striving for Superiority）就是对完美或优越的永无止境的追求。人总是力图从低劣的位置上升到优越的位置，从失败到成功，从自卑到优越和完美。这是“生命的基本事实”。例如，人们将自己的短处转为优点，或在某方面追求突出以补偿另方面的缺陷。阿德勒区分了追求优越的两种不同方法。一种是追求一种优越、完善的社会，使每个人都获得益处；另一种是只追求个人优越，很少关心他人，其行为往往受过度夸张的自卑感驱使,这时,个体产生了优越情结。具有优越情结的人之所以表现优越感,其用意是掩饰自己的缺点,他们往往表现出专横跋扈、自卑、缺乏社会兴趣、不被他人喜欢的特点。

生活风格。也称为生活方式,是指个体在环境中所表现出来的独特的生活形态与方式。它是一种标识生活存在的独特的方式,也是自我作为一个整体在社会生活中寻求表现的一种独特方式。阿德勒认为,生活风格主要是在儿童初期形成的,其影响因素包括儿童所处的家庭环境、生活条件及周围的社会环境。生活风格随后仍然会有所发展,这种发展主要是通过学校学习和职业社会的模仿来实现。学校生活对生活风格的发展有着重要的作用。

阿德勒认为,生活风格的内容包括自我概念、自我理想、对物质世界和社会环境的看法及伦理观念(个体的是非观)四个部分。可以划分为四种类型——社会利益型、支配型、索取型和逃避型,合并为两类。一类是健康的生活风格(healthy style of life)。这类生活风格可以使人逐步达到完美并与人协调相处,为社会发展做出贡献。社会利益型的个体就是具有健康生活风格的人,他们有正确的社会兴趣,试图用有益于社会的方式来解决问题。另一类是错误的生活风格(mistaken style of life)。当个人的追求与社会目标相抵触时,这时的生活风格就是错误的生活风格。错误的生活风格包括三类:第一种是统治型,这种人倾向于支配和统治别人;第二种是依赖型,这种人希望从别人那里获得一切;第三种是回避型,这种人采用回避矛盾的方法获得人生的胜利,常以碌碌无为的方式避免失败。阿德勒认为,生活风格包含着一整套的行为方式,借助这套行为方式,就可以补偿他真实的或想象的自卑。

社会兴趣。阿德勒认为,每个人都有一种关系到他人与社会的潜能,这种潜能不仅指对自己的亲人、朋友的情感,而且这种情感的发展可能扩及全人类甚至整个宇宙。他把这种潜能称为社会兴趣,也称为社会情感。这是一种先天的潜能,而不是人的本能,是个人对自卑感的一种最根本的补偿,并具有一定的广度和深度。通常可以划分为职业选择、社会活动和爱情婚姻三类。个体各个生命阶段中的重要他人,会影响其社会兴趣、社会适应能力的发展。早期发展中具影响力的人依序是母亲、父亲、兄弟姐妹与教师。如果儿童无法与家人建立良好的合作关系,这时就需要教师帮助儿童进行修正和调整。早期因不良家庭教养而产生的不适应行为,可以通过学校教育得到矫正。在个体后期发展中,对社会兴趣有影响的重要他人依序为朋友、夫妻和同事。

阿德勒把社会兴趣等同于认同感、同理心,并认为是心理健康的一个重要指标。一个心理健康的人,往往有如下特点:有浓厚的社会兴趣,懂得互助合作,有健康的生活风格和正确的解决问题的方法。阿德勒认为,从自然的观点看,人是一种天生非常柔弱的动物,离开社会的保护,人类生命就不可能进化。因此,作为一种社会存在,为了保证自己的继续生存,每个人都必须在适应社会环境的过程中发展自己的精神器官。在这个过程中,健康的人就发展出了社会兴趣或者社会感。如果一个人没有社会兴趣,个人的生活将是不幸的。他认为"在所有人类的过失中,在神经症和心理变态中,在犯罪、自杀、酗酒、吸毒和性倒错中……都可以看到社会兴趣的极大丧失。"在这些心理出现问题的个体身上,他们的兴趣也只停留在自己身上。阿德勒认为,生活的意义在于奉献、对别人发生兴趣以及互助合作,如果他不能体认人类的重要性是依他们对别人生活所做的贡献而定,那么他就很容易孕育出错误的意义,也就容易出现心理行为问题。

## 二、阿德勒个体心理学理论在心理咨询中的应用

咨询原理与咨询假设。阿德勒认为心理问题都是由于错误的生活风格导致的。生活风格的错误之所以产生,是由于人们过于追求个人的权力与优越,而缺乏足够的社会兴趣。当个体缺乏社会兴趣而面临无法解决的困难的时候,心理上就会出现失调。这时可以通过提高来访者的社会兴趣来达到咨询的目的。这种心理咨询模式体现了个体心理学对人的基本假设和看法:人是可以改变的;人不了解自己,心理咨询就是一个让人了解自己的过程;被咨询者要与来访者保持合作;揭示症状和行为的目的是咨询的关键;被咨询者的陈述应该传达一种相信人的内在力量的感觉;被咨询者应当促进人的归属感;大部分的心理咨询是帮助他改正错误的社会价值观;通过咨询能够为善良的行为和有效的应对策略提供一个模式。

咨询特点与咨询目标。由于阿德勒强调人的意识性、选择性,认为克服自卑、追求优越与社会兴趣是心理健康的标准。因此,他设定的咨询目标就是重新组织来访者的认知,帮助来访者表现出更多的符合社会要求的行为。阿德勒强调自尊、同情和平等的重要性,这一点与罗杰斯的来访者中心疗法类似。阿德勒重视在咨询过程中与来访者的分析和探讨,把对来访者的分析解释和评价看作是一种积极的咨询过程,认为可以通过这种方式帮助来访者顿悟和重新认识自我。阿德勒认为,心理咨询的目标在于再教育。因此,需要给来访者提供信息、教育、指导和鼓励,以全新的方式去看待自己、别人和生活,帮助来访者重建自信。包括培养社会兴趣;协助来访者克服挫折感与自卑感;调整来访者的观点与目标,即改变来访者的生活风格;调整错误的动机;帮助来访者感受到自己与别人是平等的;帮助来访者成为对社会有贡献的人。

咨询过程。建立社会兴趣咨询的过程包括四个环节:建立适当的咨询关系、探索来访者的心理动力(分析与评鉴)、鼓励来访者了解自己(洞察)以及引导来访者做出新的决定(引导与再教育)。这与一般的心理咨询过程大致相同。由于阿德勒的咨询模式是成长模式,不是医疗模式,所以这种咨询模式可以应用在各种不同的领域,包括儿童辅导中心、亲子咨询、婚姻咨询、家庭咨询、团体咨询、儿童与青少年个别咨询、文化冲突等等。

## 三、阿德勒个体心理学理论在教育中的应用

阿德勒在家庭教育和学校教育上,主张发展积极的自我观、困难观、他人观和异性观。

家庭教育。阿德勒指出,人从出生后,就要接受家庭教育。父母对儿童进行早期教育有其不可替代的作用,因为一个人的生活风格在四五岁就形成并固定下来,这会对以后的生活产生很大的影响。因此,父母只有从早期便开始训练儿童,才能使他们形成对职业、友谊和爱情的正确态度,形成自信、乐观、勇于探索等良好个性特征以及善于与人合作的能力。最早的影响来自母亲,母亲通过言传身教,在孩子遗传的基础上,充分发挥孩子的潜能,调整训练孩子的行为模式和想法及观点,使孩子发展了良好的社会能力、形成了积极的生活风格,促进孩子人格的健康发展。父亲同样也是对孩子成长有非常重要影响的人。开始时父亲和孩子的关系不够亲密,他的影响较晚才产生效果。父亲要想发挥在培养孩子合作能力方面的作用,他必须证明自己的责任感和担当意识,必须以良好的方式应付生活中的三个问题:职业、友谊和爱情。同时,父亲不能成为体罚孩子的执行者。阿德勒指出,父母在培养孩子合作能力的过程中要注意:

(1)营造美满的婚姻生活。对孩子而言,婚姻不美满的情境是危

险的。父母双方都不能为个人利益把孩子当作争执的焦点。

(2)父母必须通力协商孩子的教育问题,使孩子觉得父母是平等的、合作的,就会对与他人的互助、合作有良好的准备。

(3)父母不应该在家庭中过分强调自己的成功,也不应在孩子面前抱怨生活艰难、世道险恶,这会使孩子泄气、自卑,或是产生对社会、对他人歪曲的看法,不利于社会兴趣的形成和发展。

学校教育。阿德勒热衷于把他的理念应用在教育上,认为学校教育可以纠正儿童的错误,帮助儿童发展积极的生活方式。其中,他特别重视提高社会兴趣与维护心理健康。他认为,教师要关注儿童的社会兴趣,要研究儿童的态度、举止、眼神和倾听别人说话的方式,要研究学生是否以友好的方式接近老师,还是远远地躲避老师等等;同时,教师还要具有科学的教育观念,帮助儿童健康发展。这里,保持良好的态度至关重要。阿德勒认为学生是否专注于自己的学业,在很大程度上取决于他对教师的兴趣。促使并保持学生的专注,发现学生是否专注或是否能够专注,这是教师教学艺术的一部分。教师对学生要有爱心,当学生出现错误或问题的时候,教师必须保持和蔼的态度帮助他们认识到自己的问题,并且帮助学生建立信心努力奋斗、克服困难。教师的评价方式要全面完整。不仅要关注学生的考试成绩,更要考虑到学生的其他特点。另外,教师的教学方法要灵活多变,教学内容要丰富有趣,学习科目的教学更应该富有趣味,并与实际生活相联系。例如数学(算术和几何)的教学应该与建筑的风格和结构、居住其中的人等联系起来。这对今天的学校教育仍有借鉴意义。

## 四、结语

阿德勒的个体心理学,对弗洛伊德理论中的压抑、性爱以及注重潜意识的观点提出质疑,他强调意识和自我的重要性,强调社会因素对个体的影响。从人的整体性和能动性出发，认为每个人都有自己追求的目标，追求目标实现的动力都是为了克服自卑感，借助补偿作用获得优越感。在补偿的过程中，个体形成了独特的生活风格，生活风格又制约着个体进一步的补偿作用，个体在追求优越的同时，自身的社会兴趣也逐渐发展起来。他强调人的社会性和社会因素，提高了自我的地位；提出了生活风格的影响因素，并最早提出了创造性自我的概念；他认为意识是人格的中心，提出了人格的独特性，创设了人本主义的人性理论，即人能够主宰自己的命运，不必受命运支配。

特别是阿德勒在认知疗法风行之前，指出应该要通过改变来访者的信念、感情和习惯去改善他们的心理问题，并建立了成长性的咨询模式。他的许多基本思想都被其他心理学派所采用，如家庭系统疗法、格式塔疗法、个体中心疗法、存在主义疗法以及咨询的后现代主义流派。毫无疑问，这是心理学史上第一个沿着社会科学方向发展的心理学体系。阿德勒的个体心理学影响十分广泛，不仅为新精神分析社会文化学派奠定思想基础，而且为人本主义心理学的产生提供前提条件；不仅在传统心理咨询领域获得了极大的成功，而且在一定程度上改变了人们对教育，尤其是家庭教育的看法。

# 14 路特：儿童精神病学的开拓者和耕耘者

迈克尔·路特（Michael Rutter，1933— ）是英国著名的发展变态心理学家，被称为“儿童精神病学之父”。1933 年出生于黎巴嫩首都贝鲁特城，1936 年随父母回到英国，1940 年至 1944 年被父母寄养在美国。1944 年后在英国接受了正规的学校教育。

路特 1955 年毕业于伯明翰大学医学院。在获得神经病学、儿科和心脏病学的硕士学位后，1958 年在伦敦莫兹利医院（Maudsley Hospital）接受了精神病学的训练，1961 年获得资格认证，然后去纽约爱因斯坦医学院进行了为期一年的研究。1962 年回国后，他加入了医学研究委员会的社会精神病研究所，1965 年应聘到伦敦大学精神病研究所，1966 年在伦敦被指定为精神病学会的高级讲师。1973 年，他成为儿童精神病学教授、儿童和青少年精神病学系系主任。

1984年,路特创立了医学研究委员会(Medical Research Council)儿童精神病学分会,于1984年至1987年担任该会的荣誉主席;1994年,他又创立了精神病学会下的社会、遗传和发展精神病学研究中心(Social, Genetic and Developmental Psychiatry Research Centre),在1994年至1998年间担任该中心的名誉主席。他在1987年当选为英国皇家学会院士,1992年被授予爵士爵位,是欧洲科学院(Academia Europaea)和医学科学研究院(Academy of Medical Sciences)的创始人之一。他还拥有莱顿大学、伯明翰大学、爱丁堡大学、芝加哥大学、明尼苏达大学、沃里克大学等院校的名誉博士学位。现在,他担任伦敦皇家学院精神病学院发展精神病学教授和伦敦莫兹利医院的精神病顾问。

迄今为止,路特出版了38本专著,并发表了400多篇论文。最有影响力的著作是《母爱剥夺再评估》(*Maternal Deprivation Reassessed*,1972),被英国《新社会》周刊评价为"儿童保育领域的经典"。以及《基因和行为:自然—教养的交互阐释》(*Genes and Behavior: Nature—Nurture Interplay Explained*,2006)和《儿童青少年精神病学》(*Rutter's Child and Adolescent Psychiatry*,5th,2008)等。路特被公认在医学和生物心理学领域为儿童精神病学打下了坚实基础,并做出了卓越贡献。1995年获美国心理学会颁发的杰出科学贡献奖。在20世纪最著名的100名心理学家中,他排名第六十八位。

## 一、对母爱缺失与剥夺的研究

路特的研究思路主要是诠释自然和教养之间的关系,研究论题围绕母爱剥夺对儿童心理社会发展的影响展开。这个论题涉及依恋关系的缺失与剥夺、依恋关系的丧失等。

依恋关系的缺失与剥夺。母爱剥夺的相关研究,是路特研究的重要领域，形成了他关于儿童成长的心理环境的重要研究范式和观点。路特认为，儿童依恋理论的提出者鲍尔比对母爱剥夺的概念过于简单化。鲍尔比认为母爱剥夺是指儿童与一个依恋的人分离，失去了依恋对象以及没有发展出对他人的依恋。路特认为，这些依恋的性质，每种都有不同的效应。为此他在缺失（privation）和剥夺（deprivation）之间作了区分。如果儿童根本未能形成依恋关系，这是依恋的缺失；而剥夺是指依恋关系的失去或受损害，即是曾经拥有过以后的失去。依恋的缺失有两种原因，一是儿童有许多不同的养育者，二是家庭不和阻碍了儿童和成人建立依恋关系。路特发现一个有趣的结果，就儿童精神问题的风险因素而言，父母离婚和父母去世显然具有相同的效应，然而，事实是父母离婚对儿童造成的负面影响远远大于父母去世。他认为，儿童期依恋关系的缺失可能导致了最初的黏滞、依赖行为，寻求他人关注和不加选择地建立友谊等行为。然后，随着儿童逐渐成长，表现出无法遵守规则、无法建立持久的人际关系或者拥有负罪感。路特还发现了反社会行为的证据，情感障碍，以及语言、智力和体格发育的紊乱。出现上述问题，并非如鲍尔比所声称是缺失与母亲的依恋关系所致，而是由于缺少依恋关系通常所能提供的智力刺激和社会经验所致。

1989 年，路特领导了英国和罗马尼亚被收养者研究小组，跟踪研究了许多十几岁时被送到西方家庭中收养的孤儿，对于影响儿童发展的早期剥夺进行了一系列的研究，包括依恋及新关系的发展，得到了乐观的结果。尤其在实验方法上他采用了更科学的方法，他将大量的时间投身于与儿童的接触，采用自然实验的方式发现可以得出因果推论的方法，正因为此，作为一个临床工作者对儿童的了解与对细节或例外结果的关注，在弥补鲍尔比提出的依恋关系基础之上，路特往前又迈进了一大步。

依恋关系的丧失——应对、心理弹性、遗传因素和保护因素。路特着力考察了当面临依恋关系丧失时,儿童的心理行为反应以及相应的机制。

第一,儿童需要考虑应对。即要么有身体上的应对,要么有心理上的应对。路特认为,儿童的应对行为包括问题解决和情绪调整两种,这两种方法中有许多属于偏差行为或不良适应行为。

第二,儿童需要避免压力和逆境,或者用某种方式减少压力所带来的影响。路特认为,在挑战与压力面前,儿童必须学会应对,一种方法是通过暴露,使儿童处于真实的危险中,只不过这种危险控制在儿童可以处理和应对的范围内。这方面的思想和研究使心理弹性成为到目前为止产出颇丰的一个研究领域。

第三,涉及遗传因素。已有研究发现,当人类面对急性应激时做出反应,遗传因素在人对环境影响的易感性方面起着重要作用。因此,需要寻找涉及压力应对时的遗传路径,要么是增加风险,要么是增加保护性。

除以上所提到的三种面对压力时可能的机制,路特也是较早关注到部分不利处境儿童发展依然较好的研究者。他特别关注儿童成长中的保护性因素,即那些使儿童免于受到伤害、减低伤害或者修补所受伤害的因素。包括儿童面对应激的性质、儿童生活境况改变、儿童自身的因素、家庭内因素以及诸如学校、家庭等外因素五个方面。这些保护性因素的提出,为早期剥夺儿童后期的治疗工作提供了理论上的指导,尤其对研究处境不利儿童具有重要的现实意义。不过,路特同时也强调,为了了解与加强心理弹性与保护机制,人们必须考虑到家庭与政治、经济、社会以及种族情境的互动,以及个人与家庭因而出现的衰败或兴盛。

## 二、孤独症的研究和思想

路特医学和神经病学的特殊背景,使他关注到了其他研究者可能较少关注的社会行为遗传因素,并且尝试对其机制进行研究,这一点尤其反映在他对孤独症儿童的研究中。

孤独症的发病机理:遗传因素的作用。20 世纪 60 年代,人们普遍认为,孤独症是一种情感性的而非躯体性障碍,原因是不良的父母抚养方式和其他心理因素导致了该疾病的发生。1977 年路特等的研究,使人们开始认识到孤独症遗传因素的重要性。该研究对象是 21 对英国双生子,其中 10 对是异卵双生子(基因相似性与普通兄弟姐妹一样),并用严格诊断标准判断每对双生子至少有一个是孤独症。结果发现,没有一对异卵双生子是同时发病的,也就是说,异卵双生同时发病机率是 0。这可能也是人们对孤独症的遗传因素未给予重视的原因。这篇论文公开发表后,路特开始质疑自己的观点,5%的概率是相当低,但是真正应该关注的不是很低的绝对概率,而是相对于当时普通人群万分之四发病率的非常高的相对概率,显然,遗传因素非常重要。对于这一点路特从研究中找到了支持证据,即 1977 年研究中的 11 对是同卵双生(基因 100%相似),他们中有 4 对,即 36%被同时诊断为孤独症。尽管该双生子研究的样本很小,但是两类双生子发病概率统计学上是具有显著意义的。另外,他的研究设计非常精细,因此,该实验对孤独症领域的研究具有里程碑式的意义。另外,基于路特与其同事的研究工作以及后来的验证性研究,孤独症从作为一个环境影响的心理问题逐渐被理解为重要的遗传性精神疾病之一,其结果大大促进了 20 世纪 80 年代的分子遗传学研究,而孤独症则是研究者们首先关注的几个重点领域之一。

孤独症的诊断。路特 1977 年的双生子研究,另一个重要发现涉及到孤独症的诊断，他提出了孤独症谱系障碍(Autism Spectrum Disorders，ASD)的概念，其征状是社交及沟通上的广泛性异常、异常局限性的兴趣、高度重复性的行为。事实上，路特及其同事对参加实验的42名儿童进行了细致的评估，包括社会、情绪、认知以及语言功能。最令人振奋的发现是，遗传因素对孤独症谱系障碍的影响效应比对孤独症的影响效应更大：同卵双生子的相似性竟高达82%，异卵双生子的相似性仅有10%。

因此，路特与其同事认为，孤独症是与遗传因素相关联的广泛性认知障碍。这些发现也在后续的追踪研究中得到证实，即孤独症谱系的广泛性诊断，以及同卵双生子82%、异卵双生子10%的症状相似性。路特及其同事的研究工作表明：孤独症的行为如果被认为是从出生到童年早期的发育障碍所致更为合情合理，孤独症是一种躯体性的、与父母抚育方式无更多关联的发育障碍。由于路特等的研究工作，孤独症的病因诊断，到20世纪七八十年代，人们基本上摒弃了孤独症所谓“父母抚养方式不当”的病因假说。无论是孤独症生物学病因探讨，还是临床实体的识别与描述，无论是相关症状群的分型，还是研究与其他精神障碍的联系，均提示了对孤独症研究的一个全新时代即将到来。即明确了孤独症与精神分裂症的区别。

## 三、遗传和环境的交互作用

路特在2006年出版的《基因和行为：自然—教养的交互阐释》(*Genes and Behavior：Nature — Nurture Interplay Explained*)一书中，系统阐述了遗传与环境交互作用的观点。他主要阐释了基因是怎样影响行为的，以及在理解各种行为特点和精神障碍的因果路径中的重要性。他对行为遗传学、精神病遗传学以及环境对风险的调节效应研究等许多领域，进行了清晰而又通俗易懂的描述，尤其是对基本假设、方法的优点和不足之处的细致考虑，以及对研究结果的谨慎解释。同时，路特也指出了纯粹遗传解释的局限，其核心是基因和环境永远不可能完全分开。路特认为，几乎没有例外，人的特点和障碍、体格和精神都是基因和环境多因素影响的结果，一方面，这意味着对所有的行为而言，遗传因素尽管可能不一定是占支配地位的，却是普遍的。这一点不仅对于障碍性行为，而且对于普通人的心理特性，包括气质和认知特点，甚至犯罪或离婚这样的行为也同样适用。另一方面，许多遗传影响效应的例子也通过与环境的各种交互而发挥作用。因此，一些遗传行为会在某种程度上暴露于环境的风险因素之下，即所谓的遗传一环境相关。例如，父母有遗传因素的反社会行为，可能破坏家庭功能，反过来，它又把孩子置于形成反社会行为的风险环境中。换言之，父母的基因通过环境的影响机制来增加孩子发展所面临的风险。

路特认为，这种遗传一环境的交互作用非常普遍，人们必须在研究中予以考虑。基因不是决定性的，他们不会以任何直接的方式，导致诸如孤独症和精神分裂症等或者精神障碍的产生。基因作用于行为的效应是间接的，很大程度上通过环境的调节而产生的。基因和环境相互接触的主要途径是通过所谓的遗传一环境的交互作用，这说明了基因为什么可以影响一个人对环境风险的易感性。因此，遗传学者和心理学研究者，不仅仅是说着相同的语言，还要共同工作。路特因其丰富的跨学科研究背景，以及强有力的分析方法历史性地承担起了这项工作。

## 四、小结与展望

路特的研究领域和研究跨度非常广阔。包含了早期的流行病学研究、学校效能调查、社会心理学的风险调节测验、访谈技术的研究，以及后期的定量研究和分子遗传学，涉及DNA研究、神经影像学、家庭及学校的影响、基因、阅读障碍、生物和社会因素之间的交互作用、压力等方面。他的临床心理学研究的重心包含了孤独症、神经精神障碍、抑郁、反社会行为、阅读困难、剥夺综合症，以及多动症等。这种跨学科研究思路和研究实践，为后续相关研究奠定了坚实基础，并给心理健康研究提供了一个新的研究视角，大大拓展了心理健康研究的内容和范畴。

路特对于儿童面对依恋关系丧失时可能的应对机制，以及保护性因素的提出，不仅具有重要的理论意义，也对儿童发展和学校教育具有现实指导意义。更为重要的是，他给面对处境不利儿童工作者带来了力量和希望。因为儿童所经历的这些苦难，或许可以看成儿童生长所经历的磨难，而不只是悲惨的不幸与无力的怜惜，这种信念可能同样会传递给处境不利的儿童，从而提升其自身的心理弹性。同时，对于早期剥夺儿童后期的治疗工作提供了理论上的指导，尤其对研究处境不利的儿童具有重要的现实意义。这一点对于我国经济快速发展过程中所带来的儿童青少年社会问题尤其重要，大量的留守儿童显然处在一个相对不完整的家庭中，父母不在身边，养育者的变更把留守儿童置于处境不利地位，而在客观现实无法改变的条件下，考察和研究其成长中的保护因素并应用于实际，对于留守儿童的教育发展更现实和可行。此外，路特对孤独症的研究，不但扭转了人们对孤独症的看法，尤其是对孤独症儿童父母的看法，而且使孤独症儿童的父母尤其是母亲，减轻了养育的心理压力，从而使他们在对自己的养育能力方面减少挫折感，恢复养育孩子的信心。

路特关于遗传与环境交互作用的理论观点，为理解个体差异的来源迈出了重要的一步，与此同时也推动了行为遗传学研究方法的发展。

一是研究范式呈现多样化。一方面加强了收养研究的力度，使收养研究与双生子研究在行为遗传学中拥有同样重要的地位;另一方面使这两类研究成为确定遗传与环境交互作用的重要研究范式。

二是由于统计技术的发展与完善，研究方法开始由双生子研究、收养研究拓展到更为复杂的谱系研究,谱系研究可以为遗传与环境的相互作用过程提供更为完备的信息。从发展心理学的角度来看,未来或许可以关注两个方面的发展问题:一是在发展过程中，遗传与环境的变异是否会发生变化。比如，就认知能力来说,随着个体发育发展,遗传的作用不断加强;共同的家庭环境对童年期的个体是非常重要的,但到青春期以后它的影响可能逐渐变小。二是在个体发展的过程中,遗传与环境的作用在每个年龄阶段是如何持续与变迁的。例如,研究已发现在认知发展方面,从童年期到成人期令人吃惊的发展连续性。对这些问题的关注,不仅对发展心理学,而且对儿童精神病学都具有重要的理论意义和实际价值。

无论如何,撇开路特对儿童工作的热忱和天才的思想,单凭他对待科学研究善于质疑的态度,不盲从权威的科学精神,其“儿童精神病学之父”称号,确属实至名归。

# 15 伯科维茨：攻击、愤怒和助人行为研究的巨匠

莱昂纳德·伯科维茨(Leonard Berkowitz,1926—2016)是美国著名社会心理学家,在20世纪最伟大的100名心理学家中,排名第七十六位。出生于1926年8月11日,在纽约完成小学和中学教育,并于纽约大学毕业。

1948年2月,伯科维茨在密歇根大学开始从事研究工作,1951年6月完成了关于协商领导力的博士论文,导师为丹·卡茨(Dan Katz)教授。博士毕业后,应聘到美国空军人力资源研究中心(HHRC)的职员研究实验室(Crew Research Laboratory)工作。1955年,他获得威斯康星大学心理系助理教授的职位。初来乍到,好运就一直光顾伯科维茨。1956年,他被分配去教授社会心理学专业的一门高级本科课程,课程讲义以及他提出的研究问题,促使他向国立精神卫生研究所(NIMH)申请研究基金并且获得了成功,此后连续17年资助他的攻

击实验研究。1957 年,他想研究什么时候以及为什么人们会产生动机去帮助那些需要帮助的人,该研究项目多年来一直得到美国国家自然科学基金(National Science Foundation)的资助。1960 年,学术出版社(Academic Press)聘请伯科维茨主编《实验社会心理学进展》(*Advances in Experimental Social Psychology*),该丛书于 1962 年出版第 1 卷,后来陆续出版了 21 卷,在心理学界产生了巨大影响。可能是感恩或其他原因,伯科维茨直到 1993 年退休一直担任威斯康星大学心理系的教授。退休后虽为名誉教授,但他仍致力于对攻击与愤怒的形成、操作和调节的研究。

伯科维茨发表学术论文 170 多篇,代表性著作有《实验社会心理学研究进展》(*Advances in Experimental Social Psychology*)、《攻击的社会心理学分析》(*Aggression: A Social Psychological Analysis*)、《情绪的原因与结果》(*Causes and Consequences of Feelings*)以及《攻击行为的原因、结果和控制》(*Aggression: Its Causes, Consequences, and Control*)等。

## 一、对攻击行为的研究

伯科维茨系统研究了攻击行为,并检验了与攻击的条件和环境有关的行为结果。他对攻击的实证研究和理论阐述,有助于人们更好地理解攻击的原因以及掌握有效减少社会暴力的方法。

修正挫折—攻击假说。伯科维茨对多拉德(Dollard)等人(1939)提出的挫折—攻击假说(Frustration-Aggression Hypothesis)进行了检验。该假说认为预期实现的目标受到阻挠时会产生敌意性(情绪性)攻击。即挫折会导致攻击倾向。伯科维茨对此假说进行了修正。他认为,这个假说部分解释了挫折对攻击的影响,但他同时指出,那些反应主要是敌意性(情绪性或表达性的)攻击而非工具性(利益性的或有好处)攻击。同时,挫折涉及未达到预期的满足而非仅仅是剥夺。伯科维茨在坚持多拉德等人基本观点的基础上,对该理论进行了修正。在他看来,挫折就是各种厌恶刺激和事件,挫折导致攻击只是因为挫折引发了消极情感。在实现诱人的目标时遭遇预料之外的失败比预料之中的失败更让人感到不快,前者更高的不愉快程度有可能造成更强烈的攻击倾向。同样,在没有得到自己想要的东西时,遭受挫折的人们的评价和归因可能决定了他们感觉自己有多糟糕,在体验到强烈的消极情感时具有最强烈的攻击倾向。伯科维茨在论证挫折和攻击的关系时,引用了大量新近的研究来证明厌恶事件经常引起相对高水平的攻击,并且挫折和厌恶刺激之间存在着相互平行的关系。

关于武器效应的研究。在人们准备做出攻击性行动时,刺激条件与攻击的联系会诱发攻击性反应。伯科维茨等的实验验证了这个假设。实验过程是,100 位男性大学生接受了被假定为来自实验同伴的 1 次到 7 次不等的电击,然后有机会电击这个人。一种实验条件是,桌上的电击按钮旁边放着一把来复枪和左轮手枪。告诉被试这些武器属于或者不属于目标人物。在另一种条件下,桌上的电击按钮旁没有东西。在控制组条件下,桌上的电击按钮旁放着一个羽毛球拍。结果表明,当向被强烈唤起的被试呈现武器时,他们给予了最大数量的电击(7 次电击)。很明显,手枪引发了被试强烈的攻击反应。这个实验说明,社会暴力事件与环境中存在刺激暴力事件的"武器"有关。后来,人们就把武器增强攻击行为的现象称为"武器效应"。

对这个研究结果,褒贬不一。反对者认为,实验中的人为因素可能影响被试在武器出现时的反应,即评价顾忌(evaluation apprehension)和需求线索(demand cues)。对此,伯科维茨认为,"意识到实验变量本身并不能证明被试知道研究假设或具有证实研究假设的动机,有迹象表明武器的存在自动影响了被试的行为"。他综合大量的实验数据后指出,许多被试的反应与主试的要求是对立的,可能是因为评估顾忌但也明显是因为对抗过程。

对媒体暴力的研究。自从电视、电影和电子游戏等大众传播媒体出现以来,其暴力内容对观众尤其是青少年攻击行为的影响,一时成为学术界的研究热点。伯科维茨以大学生为研究对象进行了一系列试验。在这些实验中,实验对象观看暴力节目或非暴力节目,被挑衅或未被挑衅。结果发现,观看暴力节目比观看非暴力节目的被试在被挑衅时具有更强的攻击性。此外,伯科维茨和他的助手还在公共机构里对少年犯进行了一系列实地调查。这些研究评估了那些被指定连续数周观看媒介暴力内容的男孩在身体和语言上的攻击性,并与其他未观看暴力节目的男孩的攻击性程度作了比较。研究结果与实验结果趋于一致:观看媒介暴力内容的男孩更有可能实施攻击行为。

伯科维茨认为,对暴力电视、电影、电子游戏和音乐的大量研究表明,媒体暴力增加了即时或是长期性攻击和暴力行为的可能性。媒体暴力对轻微形式的攻击影响大于对严重形式的攻击,但与其他暴力危险因素或医学界认为重要的医学因素(如阿司匹林对心脏病的影响)的影响相比,对严重形式攻击的影响也是重大的。这方面的研究数量庞大,研究方法、被试取样和媒体种类各异,总体结论却趋于一致。他进一步认为,今后需要进行实验室和现场研究来更好地理解媒体暴力影响的潜在心理过程,这样能够最终促进更有效干预措施的出现。此外,需要开展一些大规模的纵向追踪研究,来详细说明媒体暴力对几种严重暴力行为的影响程度。他同时认为,在给儿童和青少年提供更健康的媒体内容时会遭遇到更大的社会挑战,如何应对挑战也需要更多的实验证据。

## 二、愤怒的形成和调节

伯科维茨认为,愤怒是一种与伤害某个目标有关的相对特殊的感情、认知和生理反应的综合症。毫无疑问,人们在达成重要目标时受到外部因素阻碍,就会变得愤怒。

认知—新联想主义模型。伯科维茨提出了认知新联想主义模型(Cognitive Ncoassociation Model)。修正后的模型集中探讨了挫折—攻击连结的情绪和认知过程,减少了对攻击线索的强调。在最初的自动反应后,是认知而非最初的评价在本质上影响随后的情绪反应和体验。人们对不愉快的体验做出因果性归因,考虑自己的感觉是否真实,最后努力控制他们的感觉和行动。该理论模型认为,令人不愉快的事件产生的消极影响通常激发了各种与战斗或逃跑反应有关的思维、表达—运动神经反应、记忆以及生理反应。如果遭受折磨的个体唤醒水平很低,比如,他们可能在受到挑衅时认为自己是被激怒或烦忧而非愤怒,也可能体验到与恐惧有关的感觉。这完全取决于个体对情境的评价。这种评价增强了与战斗反应有关的基本愤怒情绪或与逃跑反应有关的恐惧情绪。引起消极情感的厌恶事件包括挫折、挑衅、噪音、令人不舒服的温度以及令人讨厌的气味。

此外,该理论认为攻击、情绪和行为倾向在个体记忆里相互联合。某种攻击性厌恶刺激或挫折通过消极情感激发攻击性反应,厌恶事件通过消极情感增强了攻击性倾向。比如,儿童在校园游戏时将伙伴从自行车上推落下来,对这种行为可能产生什么样的反应,取决于儿童如何评价当时的情境。首先,可以肯定的是该事件的发生导致了不愉快的情绪体验。儿童将伙伴从自行车上推落下来是事件,不愉快体验是摔落地上导致的疼痛。紧接着,消极情感开始伴随认知参与活动,消极情感导致思维与愤怒或恐惧产生关联。如果儿童的特征是倾向于体验到恐惧,那么儿童将逃离情境而不表现出攻击性行为。如果儿童的特征是倾向于体验到愤怒,将做出攻击性行动。

愤怒情绪的发展和调节。伯科维茨的研究表明,对愤怒来源的评估只会影响愤怒的强度,令人厌恶的刺激是产生愤怒的主要原因。此外,实验研究也表明与愤怒有关的肌肉运动,也能导致与愤怒有关的感觉、记忆、认知和自动反应。因此,他认为,厌恶刺激自动唤起了与攻击有关的一系列感觉、观念和行为倾向。一方面,遭受折磨的人们可能责备使他们受责难的目标。另一方面,明显令人不快的情境可能降低被试对引发愤怒情境的忍受阈限。遭受折磨的人们可能准备以愤怒的方式评估他人的行为。他进一步分析说,尽管某些强烈的消极情感产生以后个体不用认知评估就能够唤起愤怒,但在最初反应后进行的评估毫无疑问也将影响个体随后的情绪体验,而且特殊刺激能够自动诱发愤怒,并不意味着愤怒情绪占优势地位,愤怒经常与其他消极情绪如恐惧混合在一起共同发挥作用。

伯科维茨认为,就愤怒而言,任何不愉快感觉都倾向于激活基本的愤怒感觉以及与攻击有关的观念、记忆和表达—运动神经反应,因为生物因素决定的联结连接了一些消极情感。他认为,对于愤怒情绪的调节,人们在感觉糟糕的时候倾向于对他人表现出敌意或攻击,但这种敌意情绪和攻击性并不总是明显的。人们在情绪不佳时经常采取非攻击性的方式,因为此时人们更多的是考虑如何改善心境或逃离不开心的情境。伯科维茨强调,更高级水平的认知过程能够化解相对原始的联想过程产生的不利影响。如果人们能够意识到自己的情绪状态,就完全有能力对敌意和攻击倾向进行自我约束和控制。此外,对惩罚的意识也明显抑制了厌恶刺激导致的攻击。可以肯定,个体对消极情绪的自我调节效应是一种相当可靠的现象,人们完全有能力对愤怒情绪进行自我调节和控制。

### 三、对助人行为的研究

伯科维茨从 20 世纪 50 年代后期开始研究助人行为。集中探讨了影响助人行为的因素，包括对求助者失败的归因、助人者与求助者的相依性以及助人情境等。

首先，关于对求助者失败的归因。在哪种条件下，成功者会愿意帮助不成功的人呢？伯科维茨的研究表明，相对于内部或性格因素，求助者的依赖被归因为外部因素时被试提供了更多的帮助。这可以从感知到的"理应获得"他人帮助或请求帮助的合理性来解释。

其次，关于助人者与求助者的相依性。助人者与求助者之间的关系也会影响助人行为。伯科维茨等做了两个实验。在实验一中，被试因为自己的能力或机遇而在一项任务上取得成功，而实验者的同谋者因为相同原因在任务上失败，失败者向成功者请求金钱上的帮助。结果，成功者只在求助者的失败被归因为能力不够时提供货币帮助。实验二对实验一的范式进行了修改，被试成功与求助者失败的原因相互独立。此时，当潜在帮助者的成功被归因为内部（能力）因素时观察到最多的帮助，而在求助者的依赖性被视为外部和超出控制的原因时被试提供的帮助最少。

第三，关于助人情境。人们在不同情境下帮助他人的意愿是不同的，是否提供帮助取决于当前的情境。在某些情况下，人们会很快为处于困境中的人提供帮助，在其他情况下则不会。伯科维茨对助人情境条件（心境和自我意识）进行了研究，结果表明有关自我的积极和消极观念显著预测了被试为求助者工作的数量，而心境指标的预测作用不显著。

## 四、结语

伯科维茨因攻击行为的研究而横空出世，并一生致力于对情绪状态、愤怒的形成、发展调节的分析和助人行为的研究。他将实验心理学与社会心理学结合起来，实证研究和理论分析紧密联系，相得益彰。

其研究主题和研究成果,对学校心理健康教育具有现实指导意义。

首先,伯科维茨十分重视实验研究。作为一位社会心理学家,他的分析和讨论自始至终都基于实验室实验和“现实情境”的现场研究,其研究分析都建立在坚实的实证研究基础上。实际上,学校心理健康教育要真正取得成效,也必须建立在实验研究的基础上。尤其是教育对策分析和干预研究,需要“现实情境”的现场研究、教育实验予以验证和支持。

其次,伯科维茨克服了传统的社会心理学家不重视理论的缺陷,在理论发展上做出了突出贡献。伯科维茨的理论分析往往具有独到之处,比如,他在实证研究的基础上对传统的挫折—攻击假说进行修正,使之包含认知因素。提出了认知—新联想主义模型,解释了某些挫折—攻击假说无法解释的现象,并提出了著名的“武器效应”理论,这些理论的提出都是对实证研究的升华和提高。关于如何提高学校心理健康教育的针对性和实效性,如何总结和概括心理健康教育的教学方法、教育模式,同样迫切需要理论分析和理论支撑。

最后,伯科维茨关注社会现实,对日常社会生活中的重要问题进行研究。不论是攻击行为、“武器效应”,还是媒体暴力,以及愤怒情绪,这些研究主题都与人们的日常生活密切相关,特别是与学校心理健康教育所面临的现实问题息息相关。如媒体暴力对青少年学生的消极影响,学校生态环境对师生心理健康的潜在作用,校园暴力和校园欺凌行为,以及青少年学生情绪的调节和控制等等。这充分体现了伯科维茨作为一位社会心理学家对现实社会问题的关注。而且,不论是对攻击行为的研究还是愤怒情绪的分析,他都试图提出有效的干预和控制方法,在这点上更是难能可贵,值得我国心理健康教育工作者借鉴和效仿。

# 16　詹尼斯：心理健康与压力情境下的决策行为

厄尔文·莱斯特·詹尼斯(Irving Lester Janis，1918—1990)是美国著名社会心理学家和临床心理学家。1918年5月26日出生于纽约水牛城一个商人家庭。父母是现代艺术品收藏家。

詹尼斯从小就表现出对艺术的挚爱，16岁那年，因为时常逃学去艺术画廊而险被学校开除。高中毕业后，他进入芝加哥大学开始接触心理学。1939年获得理学学士学位并留校工作一年。1940年，詹尼斯进入哥伦比亚大学工作。二战爆发后，詹尼斯成为军队心理学家，进行了一系列关于军队士气影响因素的研究。战后，詹尼斯回到了哥伦比亚大学，完成了精神病人电休克疗法的认知和情绪效果的论文。1947年秋，詹尼斯应聘到耶鲁大学心理学系，这是他心目中“最为理想的工作场所”。詹尼斯非常享受在耶鲁的工作，一直到1985年退休。

1990 年 11 月 15 日,在加利福尼亚的圣罗莎逝世,享年 72 岁。

进入耶鲁之初,詹尼斯等设计了“态度改变”的系列实验,这些实验影响了该领域随后三十年的研究。20 世纪 50 年代中期,他开始关注心理压力这一领域,1958 年出版了《心理压力:关于外科手术病人的心理和行为研究》(*Psychological Stress: Psychological and Behavior Studies of Surgical Patients*)。随后,开始关注决策行为,其研究成果在他和里昂·曼(*Leon Mann*)合著的《决策:关于冲突、选择和承诺的心理分析》(*Decision Making: A Psychological Analysis of Conflict, Choice, and Commitment*, 1977)一书中进行了系统总结。他提出了一个冲突模型,对个体在压力情境下如何决策进行了描述,期望通过研究增强个体在单独情境和在群体中的理性决策能力。接着,詹尼斯开始关注政府或大型组织的决策行为,1982 年出版了《群体思维:外交决策与惨败的心理分析》(*Groupthink: Psychological Studies of Policy Decisions and Fiascoes*)。退休后,詹尼斯依然笔耕不辍,1989 年出版了最后一部著作《关键决策:政策制定和危机管理的领导能力》(*Crucial Decisions: Leadership in Policymaking and Crisis Management*);去世前一周,他还完成了和妻子合著的《欣赏艺术》(*Enjoying Art*)一书。

詹尼斯一生获得了诸多荣誉。在《普通心理学评论》杂志 2002 年评选的 20 世纪最杰出的 100 名心理学家中,他排名第七十九位,这也是对他一生皓首穷经最好的奖赏。

## 一、决策冲突模型提出的背景

决策冲突模型是詹尼斯作为临床心理学家最重要的贡献。这是他在对个体的决策行为进行深入分析的基础上产生的,主要研究个体在不同的决策情境下的不同应对方式、与应对方式相对应的心理压力状况，以及这种心理压力对其最终决策质量的影响。在詹尼斯提出冲突模型之前，个体的决策已经是一个热门领域。研究者发现，需要做出重要决策时，个体的心理压力会激发一系列焦虑反应，使个体产生诸如烦躁、易怒、失眠、食欲不振以及其他症状，如果不能将心理压力维持在一个适当水平，会严重影响个体的身心健康。

詹尼斯在咨询工作中发现，个体这种心理压力往往有两个来源：首先，决策者需要考虑任何一个备选方案可能会带来的物质和社会资源的损失；其次，一旦决策失误，其作为"胜任的决策者"的名声以及自尊都会受到威胁。这些压力导致了决策者时常会进退维谷，投鼠忌器。可能造成的损失越大，决策者感受到的心理压力也就越大。同时，詹尼斯发现，这种心理压力本身又是个体产生非理性决策行为的一个主要原因，尤其是在决策者急切地试图摆脱心理压力时。因此，他提出，传统的理性决策理论将个体的心理状况排除在理论视角之外是不适当的，决策的主体是人，脱离人本身的状态讨论决策，即使理论本身具有再高的学术价值，其结果距离实际生活以及在咨询工作中的应用都会差之毫厘，谬以千里。

在这一思路指引下，詹尼斯提出了决策冲突模型，其目的在于：(1)考察个体不同心理状态对其决策行为存在的影响；(2)探讨在什么心理状态下个体能够做出最优决策。詹尼斯将决策行为分为"冷决策"和"热决策"。所谓的"冷"决策，是指不会唤起个体太多情绪反应的决策行为。在冷决策过程中，备择选项的心理效用通常很低，并很容易进行计算，例如个体在午餐吃牛肉或是鱼肉之间做出选择就是冷决策。而"热决策"，则是"个体就高自我卷入的事件做出的决策"，其内容往往与决策者自身的健康、发展、安全等方面息息相关，能够唤起个体强烈的情绪反应，导致其在决策时面临着巨大的心理压力。配偶选择、职业生涯规划，乃至是否接受外科手术等问题都属于热决策。

## 二、决策冲突模型的内容

在文献资料和临床观察基础上,詹尼斯提出三个决定决策者行为的重要条件:(1)个体是否意识到做出任一选择都会存在严重风险;(2)是否存在寻找到更优选择的希望;(3)确定在决策之前是否有足够的时间来调查分析以找出更优选择。他认为,根据不同条件,决策者会产生不同程度的心理压力,并采取不同应对方式。由此,他建立了詹尼斯一曼决策冲突模型。

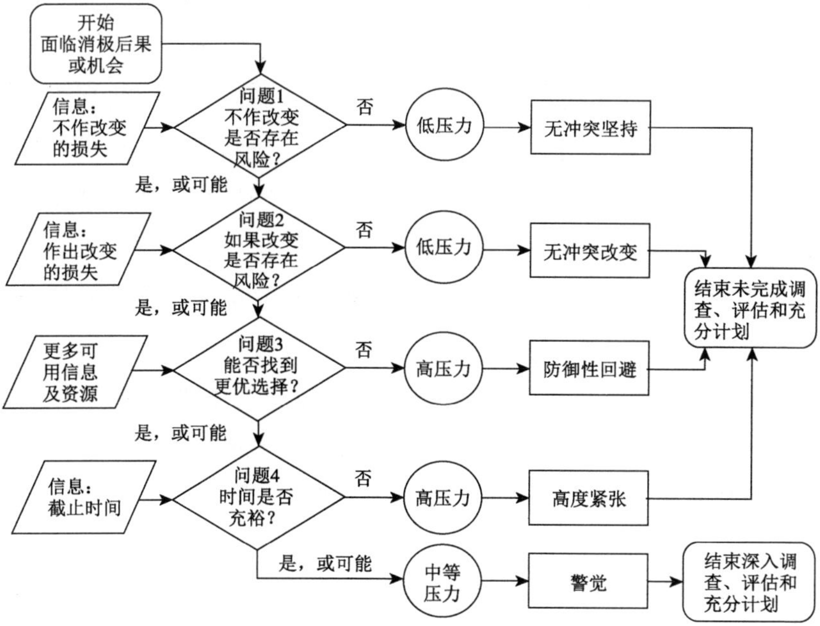


图 詹尼斯一曼决策冲突模型

该模型认为,个体在应对风险时主要的行为模式有五种:

(1)无冲突坚持。个体自满于既有的对策,认为继续原有的行为方式不存在大的风险，因而选择坚持原有的行为。采用这种应对方式时个体感受到很低的心理压力。

(2)无冲突改变。决策者意识到，如果不改变原有的行为会存在较大风险，所以会毫不犹豫地接受最为容易的降低风险方法，或是他人极力推荐的建议，改变自身原有的行为方式。这种方式的心理压力也很低。

(3)防御性回避。在无论选择坚持还是改变都会存在较大风险时，决策者就会感受到冲突，心理压力也骤然增加。他们会评估寻找更好解决方式的可能性；如果不能，他们通常会采取防御性回避策略。如将决策行为向后拖延，将决策的责任推脱给他人等。

(4)高度紧张。决策者认识到，无论选择坚持还是改变都存在风险，在对问题进行充分调查评估的基础上，寻找到更好的解决方式是可能的，然而剩余的时间不足以完成这个任务时，就会产生高度的紧张，在极端情况下类似于恐慌。

(5)警觉。在这种情况下，决策者意识到简单选择改变或是坚持都有风险，但是他们认为自己拥有充裕的时间寻找到满意的解决方案。在这种情况下，决策者会对面临的问题进行仔细调查，并尽可能客观地评估每个方案的得失，在考虑周详后再做出决策。

詹尼斯认为，每种应对模式都有其优缺点，适合不同的决策环境。在五种应对模式中，无冲突坚持和无冲突改变能够节省时间、减少因决策而付出的努力、同时也减少心理折磨，通常适用于常规事件的决策。然而，如果决策者使用这两种方法应对重要决策时，其决策结果往往存在很大的缺陷。类似的，防御型回避策略以及高度紧张策略在有些情况下是适应性的，但是这些策略会降低个体规避严重风险的机会。因此，这四种应对方式都不完美，通常会导致决策之后的悔恨懊恼行为。而第五种应对方式，即警觉，通常能够产生高质量的决策。

那么,什么样的决策才是最优的决策方案呢?詹尼斯提出了七个标准:第一,仔细考虑所有可能的备择方案。第二,全面考虑所要达到的目标的每个方面以及每个备择方案的价值。第三,仔细权衡每个备择方案各自可能带来的积极和消极后果。第四,密切关注和备择方案有关的信息。第五,充分解读与面临问题相关的新信息与专业观点,即使这些信息与自身最初的偏好无关。第六,在最终决策之前,重新审视包括最初觉得不能接受的方案在内的所有备择方案的积极和消极后果。第七,制定执行既定选择的细节条目,并制定各种可能风险发生时的应对计划。

## 三、基于决策冲突模型的干预策略

作为一个临床心理学工作者,如何帮助个体尽可能地做出理性决策,避免其在决策过程中承受不必要的心理压力,并减少决策后后悔的可能性,这是詹尼斯最为关注的问题。

情绪角色扮演技术。这是詹尼斯运用的一项心理剧技术,即让个体扮演某个角色,通过特定的实验刺激使其经历强烈的情绪唤起,进而改变其决策行为。例如,在1965年一项研究中,詹尼斯以14名女性烟瘾患者为被试,使用了情绪角色扮演技术。在实验中,被试被要求扮演刚被医生告知罹患肺癌的病人。结果发现,和控制组相比,由逼真的场景引发的高度恐惧和警觉,能够显著改变被试对于吸烟的态度和行为。詹尼斯认为,决定角色扮演技术成败的关键因素是对个体体验到的情绪唤起强度的控制。一方面,这个刺激要唤起足够的焦虑,促使个体对原有的决策方式进行反思;另一方面,给其造成的心理压力不能过大,否则很容易引发防御性回避或是高度紧张策略。

警惕合理化技术。这项技术主要针对采用防御性回避应对方式的个体。为了避免再度唤起冲突产生的心理压力,他们往往会有选择地接受有利的相关信息，将自身的行为合理化。为了解决这一问题，詹尼斯开发了“警惕合理化”技术，其具体流程如下：在使用该技术前，咨询师先向被试强调“坦率地承认自己想法和感觉”的重要性。随后，给予被试一系列的陈述，即通常使用的将自身行为合理化的借口（例如“抽烟会导致肺癌的证据还不充分”、“如果我停止吸烟，我的体重会增长很快”等），询问被试有没有觉察到自己也存在使用某个借口的倾向。最后，咨询师通过录音和电影对每种合理化的借口进行批驳。研究发现，虽然“警惕合理化”技术不能直接起到治疗的效果，但是，引导被试发现自身存在的合理化倾向能够有助于减少其对外界警告信息的抗拒，为进一步的治疗打下基础。

决策平衡表技术。这个技术主要是通过让决策者对不同备择方案带来的后果进行客观分析，协助决策者在决策之前全面权衡得失。詹尼斯认为，如果没有系统的分析，哪怕是再细心的人也可能会忽视选择所带来的某些潜在的损失，或对某些选择的收益抱有错误的期待。因而，他在临床研究的基础上，对原有的平衡表技术进行了改进，将个体需要做出判断的效用分为四类：自身的得失（收入，工作难度，升迁机会，空闲时间，其他）、他人的得失（家庭收入，留给家庭的时间，其他）、自我肯定或否定（贡献社会带来的自尊，是否是实现人生目标的机会，其他）、社会肯定或否定（父母，妻子或丈夫，其他）。詹尼斯在一系列研究中考察了平衡表技术的使用效果，发现这一技术能够有效地降低决策之后的后悔程度，并增强对既定决策的坚持性。

结局心理剧技术。这是詹尼斯通过一系列研究逐步发展起来的一种干预策略。这一技术让被试将自己投射到未来，来即兴表演做出每项选择之后未来可能发生的事件。为了能够更全面地考察选择潜在的风险和结果，这一过程往往会重复进行许多次。最初，詹尼斯将这项技术使用在遇到婚姻问题的被试身上，让被试表演离婚或维持现状的可能后果。结果表明,每个案例中,个体的决策都向着“警觉”的方向发展。同时,结局心理剧能够通过提供更多可能项目的方式提升决策平衡表的使用效果。

## 四、詹尼斯对心理健康的贡献

毋庸置疑,决策问题和人类的心理健康息息相关,无论是决策之前的心理压力,还是决策之后的坚持执行,抑或是决策失误的悔恨懊恼,都会对决策者的心理产生重大影响。如何做出高质量决策,不仅是管理学、经济学、运筹学所关注的对象,更是健康心理学家所面临的重要课题之一。在这方面,詹尼斯的研究是开创性的,他将心理压力与决策行为结合,开拓了心理学研究的一个全新的领域,并为其后 20 年的相关研究奠定了基础;他所提出的决策冲突模型以及社会支持理论,在 30 多年后的今天仍有其独特的价值,给研究者以启发;他所创立和使用的很多咨询干预方法在当今仍然得到广泛应用,为受决策行为困扰的人们提供帮助;他用实验研究验证了经过专门训练的心理工作者在帮助病人坚持听从医嘱方面所起到的重要作用,给心理健康工作开辟了一个广阔的发展空间。

难能可贵的是,作为一个临床工作者,詹尼斯从不忽视理论构建工作。在他看来,心理咨询工作不能只停留在经验积累和传播上,只有上升到理论高度,才能在更大范围内产生影响,为更多的人谋福祉。因而,在其一生中从未停止过理论的构建工作。现实生活的需要是詹尼斯所有理论的出发点和落脚点,正如他在《压力、态度和决策》(*Stress,Attitudes and Decisions*)一书前言中所说的:我认为,下面这个问题是对所有心理健康基础理论的一个考核标准,即“这个理论能否促进干预措施的产生,有效地帮助人们避免心理创伤、达成其目标或是改善他们的生活质量?”在这一思想的指引下,无论是他的决策冲突模型、社会支持理论,还是关于心理创伤的理论体系,一经提出,即对临床心理健康工作乃至公众社会生活产生积极而巨大的影响。

以他的主要研究领域——戒烟和减肥为例,在20世纪70年代,美国心脑血管疾病和癌症患者的死亡率达到巅峰,政府在医学技术和设备上投入了大量的资金却收效甚微,公众对于这类疾病充满了恐慌和无助。随后的研究发现,民众不健康的生活方式,如吸烟、酗酒、不良饮食习惯等与其罹患心脑血管疾病、癌症之间存在着密切的联系。在这一背景下,詹尼斯将初具雏形的决策冲突理论运用到咨询工作中,协助民众做出理性的戒烟、减肥决策,并摸索出一整套通过提供社会支持促使其坚持既定决策的干预措施,并卓有成效地进行了推广。到了70年代末期,美国心脑血管疾病及癌症的死亡率呈现明显下降的趋势,虽然这不能完全归功于詹尼斯的努力,但是可以肯定,詹尼斯作为一个健康心理学工作者,在这一过程中发挥了其应当发挥的社会作用。这些研究的开展和理论的提出,增进了人们对心理咨询的了解,扩大了咨询工作的社会影响,促进了心理健康职业化发展。

特别值得指出的是,詹尼斯在促进心理健康咨询科学化过程中所起的重要作用。他将"把心理咨询从一门艺术转化为一门科学"作为自己毕生追求的目标。在具体工作中,詹尼斯着重强调心理健康理论研究必须要和实验研究相结合。他的大部分理论构思来源于临床工作中的观察和思考,然而,詹尼斯对现象学因果分析的可靠性存在深深的质疑。相对于许多同时代的心理学家,詹尼斯提出的理论并不多,他不能容忍通过几个个案的观察归纳就草率地总结出理论的行为,每一个理论构思,他都会设计一系列精巧的实验对其进行严谨的验证、修改。正如他自己所言,"我最欣赏的是那些始于理论、终于理论,但两者并不相同的研究",他一直强调,设计实验不能仅仅为了考察某一理论推导出来的假设的正确性,而要同时考察使这些假设成立的条件限制。以决策冲突模型为例,他用这一理论帮助了一系列受戒烟、减肥、婚姻冲突、择校、职业生涯规划等等问题困扰的患者。在其生命的最后几年,詹尼斯将决策行为从个体的心理健康领域扩展到外交政策制定领域,考察国家领导集团在古巴导弹危机、核威胁等压力情境下的决策行为。

毫无疑问,詹尼斯是心理学研究者的典范。在生活中,他谦逊有礼、温文尔雅,深具人格魅力;在学术上,他关注现实问题,注重理论建立,又能做到理论应用于实际。如果一定要挑出不足之处的话,詹尼斯的心理健康理论建构稍显狭隘,他的理论大都是专门性的,直接针对需要研究的具体问题,并以解决该问题为理论构建的最终目的,较少表现出对人性的深入思考,也没有建立更为宏大的理论体系。这似乎不能称之为缺点,只能算是一种遗憾。

# 17　拉扎鲁斯:情绪与应对研究的翘楚

理查德·S. 拉扎鲁斯(Richard S. Lazarus,1922—2002)是著名的美国心理学家,也是20世纪最负盛名的100名心理学家之一,名列第八十位。1922年3月3日出生在美国纽约。

拉扎鲁斯1942年毕业于纽约城市大学,二战期间在美国军队服役,1946年退役后在匹兹堡大学攻读研究生,1948年他从该校获得了博士学位。1948年到1953年应聘到约翰斯霍普金斯大学,1953年到1957年在克拉克大学任职。从1957年他开始在加州大学伯克利分校任职,除领导临床心理学的研究项目外,还开展了一系列有影响的实验研究。这些研究采用动作影片去唤醒应激和情绪,通过改变电影影响被试的方式,让被试的自我防御机制起到不同的作用。1963—1964年,他获得日本早稻田大学的科研奖金,去该校进行了讲学、访问,1965年至1976年间,他多次去瑞典斯德哥尔摩的卡罗林斯卡研究所讲学和访问;1975 年之后的 20 年间,他还多次被邀请去以色列演讲和做报告;1980 年他在海德堡大学做客座教授;1984 年,在珀斯的西澳大利亚大学做客座教授。1991 年,拉扎鲁斯从加州大学伯克利分校退休,继续从事研究和著述工作。2002 年 11 月 24 日,年近 80 岁的拉扎鲁斯在美国加州去世。

拉扎鲁斯一生共有 150 多篇学术论文和 20 多部著作问世。1966 年的《心理应激与应对过程》(*Psychological stress and the coping process*)作为行为科学中的经典著作,对社会学、人类学、生理学和医学等都有深远的影响。1984 年出版的《应激、评价和应对》(*Stress, Appraisal, and Coping*)和 1999 年的续编《应激和情绪:一种新的结合》(*Stress and Emotion: A New Synthesis*),在心理学界中被广泛阅读和引用。1991 年的《情绪与适应》被誉为近代历史上情绪研究领域最重要的著作之一。

1997—1998 年,他的文集《拉扎鲁斯五十年的研究和理论:历史和常见问题的分析》(*Fifty Years of the Research and Theory of R. S. Lazarus: Analysis of Historical and Perennial Issues*)和自传《著名心理学家的生活和工作》(*The Life and Work of an Eminent Psychologist*)相继出版。拉扎鲁斯在他的职业学术生涯中曾获得无数荣誉。

## 一、拉扎鲁斯的情绪观

拉扎鲁斯对情绪的研究有重要影响。拉扎鲁斯曾说:“我难以相信,在研究心理现象或人与动物的适应行为时,能够避而不谈情绪的重要作用。那些忽视了这一点的理论和实践心理学是落伍的,应该被淘汰。”在早年行为主义盛行的时候,拉扎鲁斯就能够认识到情绪的重要性,这是难能可贵的。

对情绪的理解。首先，拉扎鲁斯认为情绪是一种“反应综合征”(Response Syndrome)，不能将情绪单纯地归结为生理激活这个单一变量。情绪应该包括生理、认知和行为的成分，每种情绪都有它自身所独有的反应模式。其次，他认为，情绪也不是一种动机或驱力。如果把情绪看作是动机，将只会引导人们从动机去推测行为的适应或不适应性的情绪模式，而不去注意情绪反应的独特性质。拉扎鲁斯认为个体对自身的遭遇或生活本身的评价是情绪体验的基础，认知评价在情绪产生中发挥着重要作用。

情绪的定义。拉扎鲁斯认为情绪是对意义的反应，这个反应是通过认知评价决定和完成的。他指出：情绪的发展不但来自环境信息，而且依赖于短时的或持续的评价。因此，情绪是一种生理心理反应的组织。拉扎鲁斯也考虑到了生物学因素和文化因素对情绪的重要意义。他认为文化可以通过如下四条途径影响情绪：第一，通过人们知觉情绪刺激的方式；第二，通过直接改变情绪表达；第三，通过决定社会关系和判断；第四，通过高度仪式化的行为(如悲痛)。同时，拉扎鲁斯也强调，人们在对情绪进行解释时，完全可以从个体认知的角度来解决问题，不必去强调情绪是受了生物因素的影响还是文化因素的影响。按照情绪的定义，拉扎鲁斯(1993)列出了15种具体情绪及其“核心相关主题”。

**情绪与其核心主题**

| 情　绪 | 核心相关主题 |
|---|---|
| 发怒 | 对我及我的所有物的贬低或攻击 |
| 焦虑 | 面对不确定的存在条件 |
| 害怕 | 一种直接的、真实的、巨大的危险 |
| 内疚 | 道德上的违反 |
| 害羞 | 过错归结到自己 |

续表

| | |
|---|---|
| 悲伤 | 体验到不可挽回的丧失 |
| 羡慕 | 想别人所有的东西 |
| 嫉妒 | 憎恨他人得到别人的爱,希望他失去进步 |
| 厌恶 | 从事或接近令人讨厌的物体、人或思想 |
| 高兴 | 向着一个真正的目标 |
| 骄傲 | 由于自己的成就得到别人承认或认同而使自我增强 |
| 放松 | 沮丧的情景得到改善 |
| 希望 | 怕坏的结果,想要更好的结果 |
| 爱 | 经常渴望的情感而不需要回报为条件 |
| 同情 | 被他人的遭遇所感动而愿意帮助他 |

情绪的认知—评价理论。这一理论着重强调了认知评价在应对和情绪产生中的作用。因此,在情绪研究领域,拉扎鲁斯的理论也得到了众多心理学家的关注和支持,他的理论也被认为是情绪产生的认知理论的代表之一。他认为,情绪是人与环境相互作用的产物。在情绪活动中,人不仅接受环境中的刺激事件对自己的影响,同时要调节自己对于刺激的反应。即情绪活动必须有认知活动的指导,只有这样,个体才可以了解环境中刺激事件的意义,才可能选择适当的、有价值的动作反应。按照拉扎鲁斯的观点,情绪是个体对环境事件感知到有害或有益的反应。因此,在情绪活动中,个体需要不断地评价刺激事件与自身的关系。这种评价有三个层次,即初评价、次评价和再评价。初评价是指个体确认刺激事件与自己是否有利害关系及其程度,这种评价是人生存适应的一个重要方面,只要人处于清醒状态,随时随地都会发生。次评价是指人对自己反应行为的调节和控制,它是一种控制判断,主要涉及个体能否控制刺激事件及其控制的程度。当个

体要对刺激事件做出行为反应时，必须根据主观条件和客观社会规范来考虑行为的后果，从而选择有效的措施和方法。在这种控制判断的过程中，经验发挥着重要的作用。再评价是指人对自己的情绪和行为反应的有效性和适宜性的评价，实际上是一种反馈性行为。如果再评价结果表明行为是无效的或不适宜的，个体就会调整自己对刺激事件的次评，甚至初评，并相应地调整自己的情绪和行为反应。

## 二、拉扎鲁斯的应对观

拉扎鲁斯等开拓性地对应对开展了系统研究。他认为，不仅可以将应对作为特质来看待，更应该关注应对的过程研究取向，在此基础上，才能对应激有正确的认识与理解。

过程取向的应激和应对概念。每个人都会遇到来自外界环境或个人内部的多种干扰，这种干扰有时超过了人们的负荷，或者人们没有足够的资源和能量去适应的时候，就使人们处在一种应激的状态中。对于应激的概念有三种取向。一种取向将应激视为挑战性的事件或环境，第二种取向将应激视为反应，第三种则将应激视为一个过程。过程取向主要以拉扎鲁斯为代表，他认为应激是一个过程，人是一个积极的行动者，能够通过行为、认知和情绪状态来改变应激物的影响。在这一概念中，拉扎鲁斯认为应激的两个基本要素是“需要”和“适应”能力。其中“需要”又分为环境需要和内部需要。环境需要是指需要适应的外部环境；内部需要是指个体的计划、任务或目标、价值观和信念。如果这两种需要未满足，就会产生消极的结果。适应能力是指可以满足需要，避免因失败而带来消极后果的潜在能力。需要与适应能力之间的平衡与否，决定了人们是否会产生应激。可见，拉扎鲁斯认为，心理应激与人和环境之间的特殊关系有关。

根据拉扎鲁斯的观点，与应激相对应，应对是指个体不断改变着的认知和行为的努力，这种努力控制着（包括容忍、降低、回避等）那些被评价为超出个体适应能力的内部的或外部的需要。这个定义同样将应对视为一个过程，强调在应激事件中人们的认知和行为随时间和事件发展而发生变化。同时，“控制”这个词在应对的定义中非常重要。它表明应对的结果可能是各种各样的，不一定必然导致问题的解决。应对的结果可能会，也应该力求做到纠正或控制发生的问题。但是，它们也可能仅仅是帮助个体改变了人们对威胁情境的认知，使人们容忍或接受带来的伤害或威胁，或者逃避这一应激性情境。应对过程不是一个单一的事件，因此，拉扎鲁斯将其视为一个不断的评价和再评价以转变个体和环境之间关系的动态的连续过程。

过程应对的研究方法。拉扎鲁斯就应激与应对的研究方法提出了自己的见解。综合来看，他主要强调了如下四个方面：

第一，强调自然性。他们认为，实验室研究有很大局限性。首先，实验室研究不可能研究整个的应对过程，只能研究一个或几个过程。

其次，适应的结果需要经过一定的时间才能显现，如对身体健康和精神状态的影响，就需要相隔一段时间，才能显现出来，但是，在实验室中可以支配被试的时间并没有那么长。最后，由于道德方面的原因，也不能让被试经受日常生活中同样内容和强度的紧张刺激。

第二，强调过程。即强调在应激性事件中实际发生些什么，以及发生的事情是如何变化的。

第三，强调多水平的分析，即从社会、心理、生理这三个有关联的因素着手，进行研究。

第四，强调个体内与个体间相结合的研究方法。所谓个体内就是一个人的不同侧面，或同一个人在不同场合与环境下是如何活动的。而个体间的研究方法是指研究许多人的一般规律，即寻找适合于任何人的共同规律。

拉扎鲁斯在后期的研究中,也谈了自己对采用问卷法来研究应对的看法,他认为问卷法是理解应对的一种最初方法,不能用它来揭开应对表象去识别目标和情境意图,特别是那些个体未知的部分。其弟子福尔克曼深知导师的这些观点,因此,在她对应对的研究中就采用了其他的方法,比如深度访谈法和观察法,也运用了纵向研究设计。这得到了拉扎鲁斯的好评。实际上,拉扎鲁斯在研究设计上也多次强调,要研究应对的过程,应多采用纵向研究、前瞻性设计研究,以及采用微观分析的方法。

## 三、对拉扎鲁斯情绪与应对研究的评价

拉扎鲁斯在其50多年的职业生涯中,都是围绕应激、情绪和应对过程这一研究主题展开研究。早期的传统心理学和哲学把情绪和理智看作是绝对对立和互相排斥的,但是,拉扎鲁斯的系列实验研究纠正了这一错误观念。拉扎鲁斯认为情绪与认知是互倚与整合的关系,近年来这得到了情绪神经科学研究的有力支持。例如,前额皮层被认为是产生认知使心理活动得以表征的神经回路的重要组成部分。因此,拉扎鲁斯的研究成果对心理学发展产生了重要影响,他本人也被认为是这一研究领域的佼佼者、领导者。

拉扎鲁斯的认知—评价情绪理论,既承认情绪的生物因素、具有进化适应的价值,也承认情绪受社会文化情境的制约、受个体经验和人格特征的制约,而这一切又随时发生在对任何事物的认知评价中。这一理论把现象学的研究、认知理论和情绪生理学的研究结合起来考虑,是较为合理的,有助于推进情绪和认知关系的相关研究。无论是对应对领域还是情绪领域,这个理论都是迄今为止最为著名的认知理论之一。拉扎鲁斯以过程取向来看待应激和应对以及情绪,将环境事件、认知、评价、情绪、应对看作人的社会行为的连续过程,实际上这更

能充分体现心理发展的变化性和动态性。

此外,由于拉扎鲁斯早年对精神动力学比较感兴趣,也接触过这方面的心理学家,如荣格等,因此,他在研究应对中,一直都很重视自我防御的概念,认为仅从意识层面研究应对是不充分的,在研究应激、应对和情绪时,必须强调无意识加工和自我防御。在他职业生涯早期,正当行为主义盛行,人们普遍认为有机体是通过联想、奖励或惩罚来进行简单学习的,但是他当时却认为认知非常重要。他用实验的方法考察了知觉中无意识的作用,就是被他称为“阈下知觉”(subception)的现象。这项研究的引用率很高,并且领先于那个时代很多年。他的工作在某种程度上证明了情绪的无意识性质,这一观点后来得到了情绪研究者的首肯,目前已有无意识情绪的大量相关研究。特别是在今天积极心理学备受关注的背景下,拉扎鲁斯的研究及其思想仍然对情绪与应对的研究有指导意义和价值。

虽然如此,拉扎鲁斯的理论也并不是完美无缺的。比如,拉扎鲁斯把情绪看作认知评价的功能或结果,情绪是由认知决定的。这是正确的,但又不可避免地忽略了情绪对认知和行动的意义和作用而走向了现象论。同时,评价这一概念过于宽泛而且含糊,因此要评定个体的评价就显得更加困难。但这并不影响拉扎鲁斯在情绪与应对研究领域的翘楚地位。

# 18　安娜·弗洛伊德：从精神分析公主到儿童精神分析之母

安娜·弗洛伊德(Anna Freud, 1895—1982)是儿童精神分析的创始人，新精神分析学派的代表人物。她是弗洛伊德的小女儿。1895年12月3日出生于奥地利维也纳，正是这一年，弗洛伊德开始研究自我并出版了《癔症研究》(*Studies on Hysteria*)，此书的出版被认为是精神分析理论的正式起点。因此，安娜一直认为自己是与精神分析同时出生的“双胞胎公主”。

安娜中小学时期成绩很好，特别擅长读写，喜欢幻想。14岁开始就被允许旁听家里每周三举行的精神分析讨论会。1912年安娜从维也纳的考泰季中学(Cottage Lyceum)毕业，没有选择继续进入大学深造。1914年，她去英国游历。1915年到1917年，作为实习老师在考泰季中学教书，1917年转为正式老师。1918年到1922年，安娜跟随父亲学习了长达四年的心理分析。1923年她在维也纳精神分析学会上做了题为“打败幻想和白日梦”的报告,因此获得精神分析执业师资格,此后便开始了正式的儿童精神分析之旅。1927—1928年,出版了《儿童精神分析技术导论》(*Introduction to the Technic of Child Analysis*),第一次系统地阐述了她的儿童精神分析的研究成果,在欧洲各国引起很大反响。1925年到1934年,安娜担任国际精神分析学会的秘书工作,同时也一直继续儿童精神分析领域的研究。1935年,她成为维也纳精神分析培训机构的主任。1936年,安娜将自己的工作实践和父亲对防御机制的理论相结合,出版了《自我与防御机制》(*The Ego and the Mechanisms of Defence*),被认为是自我心理学的奠基之作。

1938年,安娜陪同父亲流亡到英国伦敦。1939年弗洛伊德去世后,安娜开始以伦敦为中心开展精神分析的实证与理论研究。1947年,安娜跟同事一起设立了汉普斯特儿童精神分析理论课程。从1950年开始,安娜为各国的儿童精神分析工作者做精神分析讲演,并担任耶鲁大学法学院和儿童研究中心访问教授。1952年起她担任汉普斯特诊所的所长直到去世。1982年10月9日,安娜在英国伦敦去世,享年87岁。安娜终生未嫁,将其一生奉献给了儿童精神分析事业,被尊称为“儿童精神分析之母”。

安娜一生共发表100多篇论文,出版10多部专著。她先后获得美国杜克大学(1950)、杰佛森医学院(1964)、芝加哥大学(1966)、耶鲁大学(1968)、维也纳大学(1972)、美国哥伦比亚大学(1978)和英国剑桥大学(1980)授予的名誉博士学位。

## 一、儿童精神分析理论的要素

安娜在追随父亲精神分析思想的基础上,将精神分析的对象扩展到儿童身上，为儿童精神分析以独立姿态登上心理学历史舞台做出了杰出贡献。她提出了儿童“诊断剖面图”、“发展路线”等重要概念，区分了儿童心理障碍的类型，为儿童精神分析理论积累了丰硕成果。

诊断剖面图。在汉普斯特诊疗所工作期间，安娜及其研究小组逐渐形成了诊断图的思想。诊断图为儿童心理诊断提供了一个心理框架，其目标是使诊断者快速地考虑儿童生活和发展的所有领域，对其正常功能和病理功能有一个平衡的看法，同时也帮助治疗师意识到对儿童了解不够的地方。诊断图包括如下方面：

一是安排治疗的原因。是谁要求、什么原因促使此时要求安排治疗等。

二是对儿童的描述。包括对儿童外表、心情、态度和其他异常之处的一般描述。

三是家庭背景与个人历史。揭示那些可能影响儿童发展和障碍的有意义的环境因素。

四是可能有意义的环境影响。从历史和家庭背景中确定重点，以决定儿童压力和影响的可能根源。

五是发展的评价。考察儿童的内在世界，评价其情绪发展和人格结构。

六是发生的评价——退行或固着。通过儿童父母和其他人对儿童行为的描述以及诊断者的观察，结合与特定发展阶段相关的特定症状，准确指明儿童倾向于退行或不能前行的力比多阶段和客体关系水平，并指出在何种水平上儿童遇到了无法解决的问题，以至于通过退行来逃避。

七是动力和结构的评价——冲突。通过在儿童身上可观察到的冲突和焦虑，可以评价其人格结构的发展。

八是一般特征评价。具有心理健康预测价值的一般特征有：挫折容忍力、升华的潜力、对焦虑的整体态度(回避、逃避还是积极控制)、发展的力量和退行趋势之间的平衡。

九是诊断。通过对前面阶段的整合和总结,治疗师要做出诊断,为治疗提供建议。

发展路线。安娜在其生命的最后20年,把发展的观点渗透于儿童所有的工作领域,“发展路线”就是其中的体现。“发展路线”细致地考察了儿童特定领域的驱力序列和结构的发展,是对诊断剖面图的补充。如果说诊断剖面图给出了儿童当前的发展状况和病理的整体概观,构造了一个宏观系统,那么,发展路线就提供了一个来自本我、自我、超我和外在世界的微观系统及微小要素之间相互作用的中观系统。

安娜提出了六条儿童发展路线,分别是:从完全依赖到情绪独立和成熟的客体关系;从吮吸母乳到理性进食;从大小便不能控制到控制自如;从对身体管理不负责任到负起责任;从自我中心到建立友谊关系;从关注自己的身体到关注玩具,从游戏玩耍到投入工作。安娜认为,在个体发展过程中,有多种决定因素在发挥作用。以路线6为例,婴幼儿从玩耍发展到成年人投入工作的发展路线中,从儿童到成人有一系列的玩耍形式,包括抓摸母亲的身体、玩绒毛玩具、玩沙子和玩水、填满和倒空容器、玩建设性的玩具、角色扮演、游戏、爱好等。在这个过程中,本我的皮肤接触、客体依恋、贯注于摄入和排泄、建设和破坏倾向、性驱力等冲动形式决定了这些玩耍的形式;自我方面决定了个体的好奇心、探索精神、手动协调能力和想象力等;环境提供了物质条件,以及模仿和识别的机会;最后,当本我的冲动不再那么急切需要得到满足,自我已经成熟到能满足即时快乐的需要,个体就会根据现实原则以新的方式获得一种能力,即将婴幼儿期的玩耍活动转变为关注首要任务的成熟工作能力。

发展路线是安娜的儿童精神分析理论体系中具有重要意义的概念。它把重点放在自我适应生活要求的能力上，同时注重儿童内部世界的发展、与年龄相应的发展任务以及环境和人际关系的要求对儿童自我发展的影响，特别强调儿童从依赖到情绪独立和客体关系的发展对其他发展路线的主导作用，强调母婴关系在儿童发展的多个领域的重要作用。安娜的理论在摆脱内驱力本能的方向上迈进了一大步，使精神分析更接近儿童的现实。发展路线从微观的角度，为人们提供了儿童发展的精致详细的图景，无论是对于正常还是失调儿童都有指导作用，特别是对于有障碍的儿童，发展路线的协助诊断和建议治疗的功能更为明显。

从发展的观点看待儿童的精神病理。安娜十分关注儿童早期各方面的正常发展，她在1945年就提出应该把儿童分析从临床症状转移到对正常发展的干预。她提出评价儿童障碍的三条基本标准：儿童的发展或迟滞是否在驱力和自我发展的正常范围内；儿童朝向客体的行为是否正常；儿童在不同水平上的冲突是否与其年龄和发展阶段符合。

安娜指出，将分析师的注意力从病理病状转向普通的人格成长和适应问题是很困难的，但是，她认为这种转向是十分重要的，并且她自己也一直在为此而努力。晚年的安娜将研究重点放在“发展性帮助”(developmental help)方面，研究精神分析的发展性帮助对有发展缺陷的儿童能否真正发挥作用。发展性帮助对于儿童的精神病理理论有重要的补充，安娜从发展的角度提出了很多指导临床实践的意见。对于儿童的发展性障碍，安娜认为只要儿童能解决好每一阶段的问题，继续发展到下一阶段，所有的发展性障碍症状都能正常消失。如果儿童没有成功地解决好问题，就会带着困难滞留在那一阶段，可能最终导致更严重、更长久的障碍。很明显，安娜的这种观点对后来埃里克森提出的心理社会性发展理论有很大的影响。

## 二、儿童精神分析的主要方法

直接观察。安娜认为,让儿童按照要求解释他们自己的过去或者自由联想是不现实的。因此,她建议在分析儿童时应该用儿童家庭提供的信息,以及分析师对儿童活动的观察来进行补充。她将精神分析的直接观察和分析资料的重构相结合,认为直接观察为发展过程的研究提供了不可替代的机会。例如,儿童还未发展出言语能力的时期,直接观察是理解儿童思想的唯一方法。她认为,观察的材料是理解理论的关键。安娜指导工作人员和研究者进行观察的对象有:儿童与父母分离的反应和发展、儿童的体验、依恋的发展、对客体关爱的发展、自我和超我的发展、攻击性和焦虑的发展、不同抚养环境的儿童发展的比较等。同时,观察和记录的方法也是逐渐发展成熟的。安娜等开始使用观察卡片,记录观察到的婴幼儿有趣或令人费解的行为,以供临床和研究的讨论。后来安娜要求对观察的个案材料予以常规笔录,每周的观察要有小报告,每月的观察要有月报,定期有观察的长期总结。这就意味着多年来观察记录的临床资料系统地累积成册,就能供研究者详细查阅、集体讨论和进行理论建构。

游戏治疗。游戏治疗( play therapy)是一种将治疗的元素加入游戏情境中,以游戏作为治疗的媒介,协助儿童与治疗师建立良好互动的关系,让儿童在游戏中能用最自然的沟通方式来完全表达和暴露自己的情感、经验及行为的治疗方法。游戏治疗早期的发展和精神分析与儿童的治疗有关。安娜对游戏的使用是以她对儿童及儿童游戏的看法为基础的。首先,在她看来,儿童不同于成人,儿童前来接受分析并不是出自主动的要求,因而要想使儿童明白治疗的目标和意义就特别困难,这需要一个长期的准备阶段。其次,游戏并不都具有象征意义，尽管有些游戏能够重复最近的经验，但其价值并不太大。所以，她不主张直接解释儿童游戏的潜在意义；最后，她不相信儿童会发展出移情性神经症，因为儿童仍然依赖他们的父母，所以对儿童进行成人式的纯粹分析性的治疗是不可能的。

从总体上说，安娜主要把游戏用于儿童分析的准备阶段，作为一种鼓励儿童与分析者建立积极情感关系的方式，所以，游戏在儿童分析的准备阶段与谈话配合使用。安娜主张，在儿童分析的准备阶段分析者通过与儿童游戏和谈话，建立一种强烈、积极的移情关系，从而奠定分析治疗的基础。进入分析治疗过程之后，则应该主要依赖儿童对其幻想和梦的言语报告。她把这些结果看作是潜意识过程的症状派生物，认为只有通过解释，才能了解其内涵。此外，她还主张解释儿童与分析者之间的关系，她认为儿童对分析者产生的移情不同于成人分析情境中的移情。这种移情关系包含着某种教育成分，分析者分享的是儿童对其父母的感情，由于这种移情关系，分析者不仅要考虑分析情境中当时当地发生的事情，而且要把注意力指向可以发现神经症反应的地方，即儿童的家庭。安娜重视家庭和当前的外界现实对儿童的影响。她的最终目标不在于对神经症进行彻底的病理治疗，而是关注儿童的发展过程和未来的心理健康，即培养儿童健康的人格。因此，她的分析治疗常被称为教育性的治疗措施。

### 三、儿童精神分析理论的教育应用

安娜认为，精神分析发展的观点在任何一个与儿童有关的领域都是有价值的。对于非专业机构来说，如果缺少精神分析的思考，那么学校只会注重智力发展，完全忽视儿童的幻想、恐惧和情绪；医院只会医治身体疾病，不考虑儿童的恐慌、对家庭的忠诚和身体伤害的恐惧幻想；法院只会试图保护儿童的宗教、道德和经济安全而不考虑他的情绪需要。对于专业人士而言，实际的精神分析治疗不是对所有儿童期的困难都有适合的解决方法，更重要的是领悟精神分析，用它去改进现存的抚养、教育、社会化、健康管理和制定法律的方法。

先是作为教师，后来成为儿童精神分析师，这样的工作经历成就了安娜用精神分析的视角对教育的关注。例如，在《为教师和父母写的精神分析》(*Psychoanalysis for Teachers and Parents*)(1930)一书中，她提出了教师和父母可以从精神分析理论中知道的那些关于儿童发展和学习的东西。特别是安娜等提出的"诊断剖面图"这种评价方式，比较全面地展示了儿童心理发展的各个方面，为正确而有效地进行儿童心理分析提供了翔实的科学依据。这种评价方式即使在目前的学校教育中也是很有借鉴意义的。另外，安娜从发展的观点看待儿童的精神病理，对于教师正确认识和理解中小学生日益严重的心理行为问题，用发展的观点看待他们的成长与困惑，也具有现实指导意义。安娜还有一些专门面向教师的文章和讲演，例如，1952 年她发表了一系列的文章来教育教师和父母如何更好地控制儿童的各种焦虑和心理冲突。对那些应用于教育的精神分析，她提出了一些原则，如教师应从整个童年的角度理解他们的学生，而不是从特定的年龄段去考虑；在教学中，教师要坚持成人价值观，注意反移情的发生；教师不要与学生建立过深的依恋，但是必须对儿童的发展保持兴趣，还要保持客观的立场。

安娜 1960 年在英国保育学院联合会的讲座上，1976 年在美国教育研究协会和 1970 年在维也纳的专题讨论会上，都使用了发展路线，讨论儿童上幼儿园和上学的准备状态，解释了教师会遇到的儿童的一些困难行为。此外，安娜还为父母们撰写了大量文章和讲演，集中解释儿童如何成长，如何启蒙他们的行为，阐明他们需要从父母处得到的支持和指导，特别是与父母的稳定关系在儿童健康发展中的重要作用。

总之,安娜·弗洛伊德对于儿童精神分析的贡献是巨大的。她发展出具有独立性的儿童精神分析理论,并应用于儿童治疗,当代西方许多儿童精神分析学家的研究和临床工作仍然是在其理论和实践基础之上进行的,足见其影响力和生命力。安娜是当之无愧的儿童精神分析之母!

# 附录：

## 案例1　弗洛伊德精神分析案例

该案例是弗洛伊德在1891年夏季到胡黑塔雷尔（阿尔卑斯山东面最高的一个景点）度假时遇到的一个案例。案例译自弗洛伊德《癔症研究》，略有改动。

### 一、基本情况介绍

1.人口学资料

来访者凯瑟琳娜，女，约18岁，胡黑塔雷尔人。在接受治疗时，来访者称自己是弗洛伊德女房东的侄女（事实上，在许多年后，弗洛伊德发现，凯瑟琳娜不是女房东的侄女，而是其女儿。因此这女孩得病是她自己的父亲试图对她进行性侵犯的结果。1924年弗洛伊德在对这个个案的增注中指出，"在病史报告中，我现在介绍的这个病例采用这样失真是完全应当避免的。从理解这个病例的观点来看，当然，这样的失真不是无关紧要的事，与从一个山上的情景移到另一个山上不一样），过去曾招待过弗洛伊德用餐。两年前和经营鸟棚的伯母一起住在另一个山上，18个月前迁居到当地，开始出现症状。伯母带着孩子和侄女搬到现在的小旅馆，原因是凯瑟琳娜告诉了伯母伯父和弗兰西斯卡之间的私情。此时弗兰西斯卡已经怀孕了。

2.主诉

凯瑟琳娜认为自己的神经坏了，经过L医生的一些治疗，但没有好。有时感到透不过气，认为自己可能会窒息，这种情况总是突然发生，开始像有什么东西压在眼睛上，头变得很沉，有可怕的嗡嗡声，感到头晕以致几乎倒下，然后感觉有某种东西压在胸口，不能呼吸，认为自己要死了。自己主动寻求弗洛伊德的帮助。

3.咨询师观察

这是一个强壮的、装束好却不愉快的女孩，看上去比较沉闷，从衣着和举止来判断，不像个仆人，似乎毫无疑问是女房东的女儿或亲戚。

4.评估和诊断

来访者患有神经症，从其描述的病情来看，意味着焦虑的一次发作：她在因焦虑所引起的感觉症候群中，选择了气短这一症状，并对这一症状显示了过分的紧张。事实上，患者描述的是一次焦虑发作，有一种癔症性的先兆，是一次癔症发作，其内容是焦虑。

## 二、问题分析

根据以往的很多案例可以大胆地猜测，在女孩子身上的焦虑是恐惧的结果，而这恐惧是因为当她们初次面对性欲的情境，她们纯洁的心理被震慑住的缘故。

## 三、心理咨询策略与过程

### (一)咨询策略

由于会谈不是在正规的咨询室中进行，而是在六千英尺高的山顶上，不能冒险在这样高的地方实施催眠术，因此，选择用简单的谈话方式进行治疗。

### (二)咨询过程

1. 症状的表现和起因——表面的创伤

这次面谈发生在阿尔卑斯山东面最高的一个景点上，弗洛伊德爬到六千英尺高的山顶后，凯瑟琳娜主动向弗洛伊德寻求帮助。

弗洛伊德："好，你感到有什么不舒服？"

凯瑟琳娜："我感到透不过气来，不总是这样，但有时会这样，所以我想我会窒息的。"

弗洛伊德："坐在这里，当你'透不过气来'时是什么样的感觉？"

凯瑟琳娜："这种情况总是突然发生的。开始时像什么东西压在我的眼睛上。我的头变得很沉，有可怕的嗡嗡声，我感到头晕以致几乎倒下。然后又似某种东西压在我的胸口，使我不能呼吸。"

弗洛伊德："你没注意到你的喉咙有什么东西吗？"

凯瑟琳娜："我的喉咙挤在一起，好像我要噎住一样。"

弗洛伊德："你的头部还发生了别的什么吗？"

凯瑟琳娜："是的，有锤击，足以敲开我的头。"

弗洛伊德："当这事发生时，你一点也不感到恐惧吗？"

凯瑟琳娜："我总想我要死了。总的来说我是勇敢的，自己到处走，进地窖和到山的各处爬。但在白天，当那件事发生后，我就不敢到任何地方去；我总在想某人会站在我背后，会突然一下子抓住我。"

**思考：**这是一次焦虑发作，有一种癔症性的先兆，或者说这是一次癔症发作，其内容是焦虑。

弗洛伊德："当你在发作时，你想到什么吗？是否总是同一件事？或你看到面前有什么东西吗？"

凯瑟琳娜："是的，我总是看到一张可怕的脸以吓人的样子看着我，因此我感到恐惧。"

弗洛伊德："你认识那张脸吗？我的意思是你是否在某个时候看到过这张脸？"

凯瑟琳娜："不认识。"

弗洛伊德："你知道你因为什么而有这样的发作吗？"

凯瑟琳娜："不知道。"

弗洛伊德："你第一次是什么时候发作的？"

凯瑟琳娜："两年前，当我仍与我伯母住在另一个山上时（她过去在那里经营鸟棚，18个月前迁居这里），以后就一直出现这样的情况。"

**弗洛伊德的思考：**在女孩子身上的焦虑通常是恐惧的结果，而这恐惧的原因常常和她们初次面对性欲的情境有关。因此，让患者看到引发她们恐惧的原因，并能够重新正确面对，就能帮助患者克服恐惧，避免焦虑症状的出现。

弗洛伊德："如果你不知道，我将告诉你我是怎么想你会有这样的发作。在两年前的那个时候，你必然看到或听到过某些使你十分窘迫而又不愿见到的事。"

凯瑟琳娜："天哪，是的！那是我看到我伯父和我堂妹弗兰西斯卡。"

弗洛伊德："是关于那姑娘的什么事，你能告诉我吗？我认为你可以对医生说任何事。"

凯瑟琳娜："好，在那时，你知道，我的伯父，即你已在这儿见到的我伯母的丈夫，在科格尔经营一个小旅馆。现在他俩离婚了，他们分手是我的过错，因为是我讲出伯父与弗兰西斯卡的事。"

弗洛伊德："那你怎么发现的呢？"

凯瑟琳娜："是这样的，两年前的一天，一些男士爬山要些吃的。我的伯母不在家，而一直做饭的弗兰西斯卡到处也找不见。我的伯父也找不见，我们到处寻找，最后一个叫阿洛斯的男孩，即我的堂弟说：'啊哟，弗兰西斯卡肯定在我父亲的房间里！'我俩都笑了，但我们没想到什么坏事。然后我们到伯父的房间去，但发现门锁着。对我来说这似乎很奇怪。这时阿洛斯说：'在过道那儿有个窗，你可以从窗口看到房间里面。'我们走到过道处；但阿洛斯不愿去窗前，并说他害怕。因此我就说：'你真是个傻男孩，我去，我一点也不害怕。'我思想里一点也没想到什么坏东西,我从窗口向里望,房间较暗,我看到我的伯父和弗兰西斯卡,他躺在她身上。”

弗洛伊德:“是吗?”

凯瑟琳娜:“我马上离开窗子,倚在墙边,简直透不过气来——这几乎像是发生在我头上一样。眼前一片空白,我的眼睑紧靠在一起,头脑像被人敲打似的嗡嗡作响!”

弗洛伊德:“你是否在当天告诉你的伯母了?”

凯瑟琳娜:“哦,没有,我什么也没说。”

弗洛伊德:“然而当你发现他们在一起时,你为什么这样害怕?你懂得什么意思吗?你知道会发生什么吗?”

凯瑟琳娜:“哦,不,那时我什么也不懂,我只有16岁,我不知道害怕什么。”

弗洛伊德:“凯瑟琳娜小姐,如果你现在能记得当时在你身上所发生的情形,即当时你第一次发作时在想什么,这对你会有帮助。”

凯瑟琳娜:“是的,如果我能这样。但我很害怕,所以我忘了每件事。”

**弗洛伊德的思考:**这意味着:情感本身产生了一种催眠状态,然后在这时表现为切断了自我意识之间的联想性联系。

弗洛伊德:“告诉我,小姐,是否你在气短时总是见到的那个人头是弗兰西斯卡的头,像那时你见到的一样,是吗?”

凯瑟琳娜:“哦,不,她看上去没那么可怕,而那是一个男人的头。”

弗洛伊德:“或许是你伯父的头?”

凯瑟琳娜:“我没有看清他的脸是那样的,因房间太暗,为什么那时他会有这么可怕的脸呢?”

弗洛伊德:“很对,然后发生了什么。”

凯瑟琳娜:“他俩必然听到响声,因为他们不久便出来了。我整天感觉很不好。我一直在想着这件事。然而两天后，正好是星期天，有许多事情要做，我工作了一整天。在星期一早晨，我又感到头晕，我病了，躺在床上，不舒服了三天。”

**弗洛伊德的思考：**癔症中作呕这个症状通常是因为感到憎恶。

弗洛伊德：“如果三天后你作呕，我相信这就意味着在你向房间里看时，你感到憎恶。”

凯瑟琳娜：“是的，我确实感到憎恶，但我憎恶什么呢？”

弗洛伊德：“也许你看到某些裸体的事情？他们那时处于什么样的状况呢？”

凯瑟琳娜：“因为太暗而看不到任何东西；另外，他俩都穿着衣服，哦，要是我知道是什么令我憎恶就好了！”

**弗洛伊德的思考：**这时我也没了主意。但是，只要让她继续说下去，慢慢地告诉我发生在她身上的事情，我相信她一定能想到我需要的，可以用来解释病情的材料。找到原因之后，她的病就能好起来。

2.病因的深入探索——更早的创伤

凯瑟琳娜继续描述了她最后怎么告诉伯母关于她的发现，以及伯母与伯父离婚，带着孩子和她搬到现在住的小旅馆，留下伯父和弗兰西斯卡，弗兰西斯卡已经怀孕。可是，凯瑟琳娜却突然中断了贯穿的思绪，开始对弗洛伊德讲另外两件较早的事情，比这创伤早两三年。

14 岁时，伯父对凯瑟琳娜的性侵犯：在冬天与伯父一起到一个山谷去，他们在那里的一个小旅店待了一个晚上。她伯父在酒吧喝酒、玩扑克牌，而她感到困倦，早早去楼上的套房睡觉，当伯父回到房里时，她还没有完全睡着。后来她睡着了，突然在床上“感觉到他的身体”而醒来。她跳了起来，对他抗议道：“伯父，你想干什么？为什么你不待在自己的床上？”他试图安慰她：“继续睡吧，你这傻姑娘，别作声，你不知道这有多好。”“我不喜欢你的‘好事’，你甚至不让人安静地睡觉。”凯瑟琳娜仍站在门边，准备叫出声来以示抗议，直到最后他让步，去他的床睡觉。然后她回到自己的床上，一觉睡到早晨。从她所说的自我防御方式中，她似乎没有清楚地认识到这是一次性攻击。

弗洛伊德：“你是否知道伯父想要对你干什么？”

凯瑟琳娜：“当时不知道，我是后来才知道的。当时我是因为不喜欢在睡觉时被打扰才抵抗的，因为这不好。”

凯瑟琳娜继续告诉弗洛伊德以后日子里的其他一些经历：诸如她如何再次在小旅馆里当她伯父完全喝醉后防御他，以及类似的事情。

弗洛伊德：“是否会因这些事件让你感到有点像以后她喘不过气来呢？”

凯瑟琳娜：“是的，每次我都会感到眼睛和胸部有重压，但不像发现那件事时的强度那样大。”

凯瑟琳娜在完成这一记忆的叙述后，立即开始描述第二件她注意到的伯父和弗兰西斯卡之间的某些事。有一次全家穿着衣服在马厩草料阁楼过夜，她突然因吵闹声而醒来；她想她已注意到躺在她和弗兰西斯卡中间的伯父而转过身去，而弗兰西斯卡刚躺下来。另一次，他们在N村的一个小旅馆里住下，她和伯父住在一个房间，弗兰西斯卡住在隔壁。她突然在晚上醒来，看到门边有一高大的白色身影，在摇曳的烛光中，她说：“上帝，是你吗？伯父！你在门边做什么？”“别作声，我只是在找东西。”“但是出屋得走另一个门。”“我只不过犯了一个错误。”等等。

弗洛伊德：“你那时候是否有什么怀疑？”

凯瑟琳娜：“不，我没想到什么，我只是发觉了此事，但没想到更多的事。”

弗洛伊德：“你是否也被这件事所惊吓到了呢？”

凯瑟琳娜：“也许吧。”

说完这两件记忆中的事后，凯瑟琳娜不再说话了。她像变了一个人似的。她那之前一直紧绷着、不高兴的脸变得活跃起来，她的双眼明亮，显得快活和兴奋起来。

**治疗师的思考**

对我来说，此时可以清楚地理解凯瑟琳娜的病情了。她告诉我的后面一部分内容显然是漫无目的的，是称赞性地解释她所发现的事件中自己的行为表现。她记得在那时有过这样两次经历，但不理解，而且从这经历中没有得出什么推论。当她看到伯父和弗兰西斯卡两人性交的场面时，她立即把新的印象和过去的两种记忆联系起来，她开始理解他们，同时避开他们。接着就有一个短暂的即将产生结果的时期，即“潜伏期”。在转换的症状出现后，呕吐就代替了道德和生理上的憎恶。这个谜就解开了。使她作呕的不是看到两个人而是看到该情景时激起的曾发生在自己身上的记忆。而且，使这些事件真相大白的，只能就是那晚在她身上图谋不轨的记忆——当时她“感觉到了伯父的身体”。

3.治疗的结束阶段

弗洛伊德：“现在我知道当你向房里望的时候在想什么。你想：‘此时他对她所做的正是那晚或其他时候要对我做的。’那就是你感到憎恶之处，因为你记得当你在晚上醒来时，感觉到了他的身体。”

凯瑟琳娜：“可能是这样，那就是我憎恶之处，也是我所想的事。”

弗洛伊德：“再告诉我一件事。你现在已是个长大了的女孩子，知道所有的事……”

凯瑟琳娜：“是的，现在我是这样。”

弗洛伊德：“就告诉我一件事，那晚你感觉到他身体的什么部位？”

她没有给我明确的回答，而是很窘迫地微笑着，好像她已被查明真相，有责任承认别人已摸清了基本情况一样——无话可说。她的面部表情似乎对我说她认为我的推测是对的。

**治疗师的思考：**

看起来，这个病例已经很清楚了。但是，还有两个疑问无法解释。在她发作期间和发生恐惧时，头脑中反复出现的是什么样的幻觉？致使它出现的是什么缘故？

我继续问她这些问题，通过我们的谈话，好像她的知识也开阔起来，她迅速回答："是的，我现在知道了，头是伯父的头，我现在认识了，但不是从那次认识的。后来，当所有的争论爆发时，我的伯父无缘无故对我发怒。他一直说这完全是我的错：如果我不饶舌，他就不可能离婚。他一直威胁说他可能要对我采取行动；如果他在远处看到我，他的脸便会因发怒而变得扭曲起来，而且也会举起手做出向我袭击的样子。我总是逃避他，总是感到惊吓，怕我在没有防备的情况下被他抓住。现在我总是见到的脸就是他发怒时的脸。"

这个信息提醒我，她的第一个癔症症状，即呕吐已经消失；而焦虑性的发作仍存在，并获得了新的内容。因此，我们要处理的是一个癔症患者相当范围的发泄问题。实际上，在产生了这样的发泄以后不久她就报告了发现伯父的事。

弗洛伊德："你告诉伯母关于他对你性侵犯的事了吗？"

凯瑟琳娜："是的，但不是立刻告诉的，而是在后来，当已经谈到离婚时，我伯母说：'我们保留这件事情不说，如果他在法庭找麻烦，我们也要说起的。'"

我能很好地理解这确实是最后的时期了——当时这所房子里存在愈来愈多不安宁的场面，而且当时伯母对她的情况已不感兴趣，伯母的全部精神都投入到争吵上——可能就是这个时期积累和保存下来的事情使之成为记忆象征的残余（幻觉到的脸）。

## 四、结果与思考

### (一)结果

通过谈话法,凯瑟琳娜叙述出自己的经历后,对自己产生症状的原因有所领悟。这次谈话后,弗洛伊德再也没有见到过她。弗洛伊德希望这个在这样早的年龄,性敏感性就受到伤害的女孩,能从他们的交谈中有所受益,可以正确地认识和对待性的问题,从而使焦虑和恐惧的症状得到缓解。

### (二)弗洛伊德的思考

这是一个有性欲经历的病例。这个案例中的病人没有认识到以往所经历的事对其症状的影响。由于会谈场所的限制,没有使用催眠技术来揭示其过去经历的影响,而是通过谈话的方法,主要是病人对过去的事情进行叙述,治疗师在其中适时地插话,起到提示的作用。这个病例可以归为一种获得性癔症的图式。病例有创伤性的瞬间,和认识一对"辅助的"瞬间的场面。凯瑟琳娜是一个典型的病例,她的一个新的印象强制性地产生了单独症状群和自我之间的一种联想性联系。我们在对一个癔症病人的性创伤的每一次分析中,常常得到这样的印象,即性欲前期,对儿童不产生作用,而是在以后发生创伤后产生作用,这显然是由于记忆的缘故,这时该女孩或已婚的女士已获得对性生活的理解。精神症候群的分离可以说是青少年发育中的正常过程,很容易明白的是他们后来接受的东西进入自我中,常常为心理障碍提供机会。那么,这里有一个疑问值得探讨:一个处于无知的意识分裂是否与出自有意拒绝的意识分裂是完全不同的,是否青少年比人们所设想的或比他们自己所认为的更不具备性欲方面的知识。

这个病例让我们发觉了一个称之为"辅助"的心理机制,也可以把它称为“创伤性”的心理机制。它有效地说明了其具有的含义，而不只是回想起以前创伤性的经历。它结合了“辅助”和“创伤性”瞬间的特征。然而似乎没有理由说明，为什么这种一致性却导致我们放弃概念的分歧，而是在另一些病例中也和分歧有关。在这个病例中，还有一个现象值得关注，那就是癔症现象的产物——转换。它并不是在创伤后立即发生的，而在潜伏一段时间之后才发生。沙科倾向于把这个间歇期描述为“心理上产生后果的时期精心制作。”

凯瑟琳娜在发作时的焦虑是一种癔症性的焦虑，也就是说，这是联系到每次性欲创伤后所出现的焦虑的再生。在大量病例中我们也发现这样一个经常存在的事实——只不过是对性关系方面的猜疑就足以引起处女们的焦虑情感。

# 案例2 罗杰斯当事人为中心治疗案例

通常心理咨询师所接待的来访者都是主动寻求咨询师的帮助和支持，这种主动性会通过向咨询师说明自己的状况和困扰来表达，即使不用准确的言语表达，他们也会通过其他方式，比如情绪情感的外露、行为举止的展示来向咨询师传达丰富的信息和含义。但是作为一名心理咨询师，你有没有遇到过来访者不和你做言语交流的情况？有没有无论你说些什么来访者就是对你置若罔闻的情况？有没有来访者完全沉浸在自己的世界里无法和你进行交流的情况？当我们面对来访者一言不发、沉默无语的时候，我们可以做些什么？我们如何开展助人行为？布朗案例向我们展示了罗杰斯对此种情况的处理方式。

## 一、基本情况介绍

吉姆·布朗被诊断为单纯型精神分裂症，中学毕业，上过一些大学课程。在25岁时第一次住院，住了三个月，第一次和罗杰斯见面时，布朗第三次住院，已经入院19个月，时年28岁。布朗参加了罗杰斯等人的一项研究课题，该课题的研究目的是检验来访者中心疗法对住院的精神分裂症病人的治疗效果。所以，罗杰斯总共对布朗进行了166次咨询治疗，历时两年半，其中有两大段完整的治疗记录和15个4分钟的治疗片段被编入公开出版的研究报告集里。布朗本人在罗杰斯眼里是不善表达的，口齿含糊，很难把布朗的话听得特别清楚。虽然也能主动讲一些自己痛苦和愤怒时候的事情，但在咨询全程来看，布朗沉默的现象非常突出，沉默的时间不断延长。

## 二、问题分析

对于精神分裂症患者的问题成因，精神病学医生有专门的著作来研究。对于这个著名案例中的当事人布朗来说，咨询师成功地从长久的沉默和自己大段落的推测陈述中帮助我们看到了那个坐在对面沙发里、孤独的、弱小的、无力的、伤心的、渴望被认可、渴望能联结的布朗。在这里我们只通过这两次咨询记录无法找到布朗患病的原因，但我们可以发现布朗痛苦、烦恼、绝望、想结束生命的原因。反复学习这两次咨询中罗杰斯的所作所为就能看到，面对长时间的沉默和不理不睬，面对布朗完全深陷进自己的内在世界不可自拔，罗杰斯最欣赏的共情理解被运用到极致。共情过程之所以如此成功，一方面是缘于罗杰斯此时在心理治疗领域已经磨砺颇多，操练纯熟；另一方面是缘于布朗本人的大量感受需要被理解、被感同身受、被陪伴、被认可。他所缺少的，他生命成长所需要的这些肯定、鼓励、欣赏、认可、接纳、理解、关爱没有获得满足，自我价值感越来越低，逐渐失去与外界的联结，自我又虚弱得不能给予自己动力和滋养，于是布朗只能和无力的自己待在一起，为了避免继续被伤害，他断掉了外力传递的通道，把自己困在孤独的空间，自我嫌弃、自我贬低、自我厌恶，直至要杀死自己。

## 三、心理咨询策略与过程

下面为大家摘选的两段对话是现存公开的两次连续的记录，相比其他来访者的咨询记录，这两段显现出长时间的沉默和停顿，甚至与布朗本人其他公开的录音相比，他在接受这两次咨询的时期也表现出了不同于以往的沉默寡言，似乎感觉不到咨询师正在自己身边询问问题。罗杰斯对待布朗的态度是开放式的，有如亲人、朋友般的，一些不寻常的举动也是在为营造共情理解的咨询氛围而服务的。对于布朗的沉默，罗杰斯已经不陌生，也能够坦然面对，所以他竭尽全力地去和布朗在一起，在同一层面里，从同一个角度，投入布朗的内在，与他联结在一起，倾听、感受、体会、想象、假设、推测、核对、更正、评估、验证……用自己的语言将那些通过共情而获得的东西表达出来，摸索到那些掩藏住的、封闭住的东西，了解了他们的位置，于是布朗自己揭开了尘封很久的那部分东西，于是个人系统的自我部分被触碰了，深层次的部分开始松动，于是布朗的转变成为可能。

咨询师：抽屉里有些香烟。抽一支吗？嗯？嗯，天气太热了。

当事人：(沉默 25 秒)

咨询师：你今天早上是不是有些不高兴？还是这只是我的想象？

当事人：(轻缓地摇了摇头)

咨询师：你没生气吧？嗯？

当事人：(沉默 1 分 26 秒)

咨询师：出什么事了吗？想要我做点什么吗？

当事人：(沉默 12 分 52 秒)

咨询师：(温和地、关怀地)我想说的是，如果你确实需要什么帮助的话，我愿意尽力。另外，如果有什么事情是你更愿意自己面对，更想自己去承受它的话，没什么不可以，那也很好。我想和你说明的是，我这样说的真正含义是："我很关心你。我不能什么都不做，只像一根杆子似的立在这儿。"

当事人：(沉默 1 分 11 秒)

咨询师：我想，你的沉默是在告诉我，你现在不想说，或者不能说，对吗？那也没关系，我不打扰你了，我只是想让你知道我在你身边。

当事人：(沉默 17 分 41 秒)

咨询师：好吧，我们还有几分钟就可以结束了。

当事人：(沉默 20 秒)

咨询师：对我来说，了解你的感受很难。然而，看来你或许在一段时间里不想让我了解你的感受。不管怎样，在一段时间里这样似乎也不赖，这使你能放松下来，能缓解紧张的情绪。可是，我真的不知道你的感受，正如刚才我所说的，我只是按照你看上去的情况推测而已，你最近是不是发生了什么不愉快的事情？

当事人：（沉默45秒）

咨询师：可能，你今天上午不希望我说话，嗯是的，我可能不应该再说话了，可我一直有一种感觉，那就是，我不确定，我想以某种形式和你保持联结。

当事人：（沉默2分21秒，打哈欠）

咨询师：你看起来好像有点沮丧，还是有点累了？对吗？

当事人：（沉默41秒）没，只是觉得所有的事都没劲。

咨询师：所有事都糟透了，是吗？你觉得没什么意思？

当事人：（沉默39秒）

咨询师：和以前一样，周五12点时来吗？

当事人：（打哈欠，喃喃言语，别人无法听清，沉默48秒）

咨询师：是那种往下沉的感觉吗？感到自己深深陷入这些糟糕的、腻烦透了的情绪中？嗯？是这样的吗？

当事人：不是。

咨询师：不是吗？

当事人：（沉默20秒）不是。我是不中用的，对谁来说都是，过去是，以后也是。

咨询师：现在就是这种感觉吗？你认为自己不中用，在别人眼里也一无是处，将来也不会有什么出息，你觉得自己毫无价值，是吗？这种感觉真是糟透了。就是觉得自己一点用也没有？嗯？

当事人：是的（小声地、沮丧地嘟哝），前几天和我一起进城的那个人这样对我说的。

咨询师：和你一起进城的那个人对你说“你不中用”吗？这是你现在想表达的意思吗？我的理解对吗？

当事人：嗯。

咨询师：如果我理解得不错，那么你的话的意思是，有一个人，他这个人对你来说很重要，他是怎么看待你的？他为什么告诉你说他认为你一无是处？他这重重的一击，实在让人感到沮丧。（布朗默默哭泣。）这话听了是会让人伤心落泪的。

当事人：（沉默20秒，轻蔑地说）尽管如此，我不在乎。

咨询师：你对自己说你一点也不在乎，但是不知怎的，我觉得你内心深处还是很在乎的，因为那里正在为此流泪。

当事人：（沉默19秒）

咨询师：我想，在那里，你感受到了一切：“现在我又一次受到打击，好像我一生中这样的打击还不够似的，虽然我感觉到人们并不喜欢我。我喜欢上一个人，但是他并不喜欢我。于是我就说，‘我不在乎。我不会让这种打击影响我的情绪。’可是同时，眼泪从脸颊流了下来。”

当事人：（嘟哝）我早就知道会是这样。

咨询师：什么？

当事人：我想我知道会是这样的。

咨询师：如果我理解得对，那么伤害你最深的就是他说你是没用的人、没用的东西。而你一直以来也是这么看待你自己的。这是你想表达的意思吗？

当事人：（布朗微微点点头，表示认同）

咨询师：所以你觉得他似乎只是在证实你已经知道的事实而已，他只是在以某种方式再次确认了这一点。

当事人:(沉默 23 秒)

咨询师:他这么说你,也许你自己心里也是这么想的,你觉得真是没有比这更糟的了。

当事人:(沉默 2 分 1 秒)

咨询师:(留心地说)我想更深地了解你,试着体验你的切身感受,结果就有点儿搞成这个样子了,我也不知道该怎么说,是不是有个人,你和他共过事,这个人对你来说曾经很重要。但现在他说你是个没用的人,这给了你一记耳光,这的确深深伤害了你,让你受不了。

当事人:(沉默 30 秒)

咨询师:我得说,今天我们该结束了,布朗。

当事人:(沉默 1 分 18 秒)

咨询师:这确实很伤人,是吗?(这是对布朗默默流泪的反应)

当事人:(沉默 26 秒)

咨询师:如果忍不住,如果你想哭,那就哭吧,哭吧,哭出来吧。

当事人:(沉默 1 分 3 秒)

咨询师:这儿有些纸巾,拿着用吧。现在可以走了吗?

当事人:(沉默 23 秒)

咨询师:我想你不愿意走,可是我和别人约好了。

当事人:(沉默 20 秒)

咨询师:真不凑巧,是吧?

当事人:(沉默 22 秒)

咨询师:我再问你一个问题,再说一件事。你还有那张写着我电话号码的字条吗?还有说明手册等那些东西吗?(布朗点了点头。)那好,如果事情变得糟糕起来,你觉得特别不开心,就让护理人员给我打电话。因为这是我的工作,在你需要帮助的时候尽力提供一些帮助。如果你需要帮助,就让他们给我打电话。

当事人：我想我是不可救药了。

咨询师：嗯，你觉得好像不可救药了。我明白。你认为自己毫无希望了。我能理解你的感受。我倒是觉得还有希望，但是我能体会到你的感受。你就是觉得谁也帮不了你，觉得你自己无可救药了。

当事人：（沉默 2 分 1 秒）

咨询师：我想你就是这种感觉，非常沮丧，这真是太糟了。

当事人：（沉默 2 分钟）

咨询师：我想再说一件事。今天下午我有事，也许一直要忙到 4 点或 4 点多。但是如果你下午还想见我，可以在 4 点左右来找我，好吗？除非我接到你要改期的电话，不然我们就周五中午谈。如果，如果你有点儿担心，怕有人看见你哭，你可以出去在你以前等我的地方坐会儿，想干什么就干点什么。或是到候诊室去，坐在那里看会儿杂志。我想你真的需要出去走走。

当事人：不想回去工作了。

咨询师：你不想再回去工作了，是吗？

星期五

咨询师：我给你带来些杂志，想看的话可以拿回去。

当事人：（沉默 47 秒）

咨询师：上次见面后没再听到你的消息。你说你要进城，去了吗？

当事人：是的。我搭了一个年轻人开的卡车去的。

咨询师：噢。（背景声音——隔壁办公室传来说话声。）

当事人：（沉默 2 分钟）

咨询师：对不起，我出去一下。（罗杰斯出去，让隔壁的人说话小声点）

当事人：（沉默 2 分 20 秒）

咨询师：我今天发现，虽然我不知道什么原因，但你没有用手捂着脸，所以今天我能清楚地看到你了。不知为什么，你没用手捂着脸，我感觉很好。我一直不明白，有时候你在这儿，好像和在别的地方不一样，现在我明白了，因为在这里时你会用手捂着脸，感觉好像你就躲在了什么东西后面。

当事人：（沉默 50 秒）

咨询师：我想，我觉察到了，虽然我可能没说对，但我想今天我确实感觉到了，有些时候你来到这里，似乎你使自己深深陷入了你内心深处的情感里，出不来。有时情绪很不好，就像上次那样，但有时可能没那么糟，尽管有点儿——你进来的时候，我想我多少理解一些了，这似乎是你使自己陷入那些糟糕的情绪中去了。好，现在——

当事人：我要走了。

咨询师：什么？

当事人：我要走了。

咨询师：你要走了？真的要离开这里吗？你是这个意思吗？一定是——出什么事了吗？可以告诉我吗？我想，我是知道你不喜欢待在这里的，但是一定是发生什么特别的事或者是什么事让你不开心了。

当事人：我就是想走，去死。

咨询师：嗯，嗯，嗯。你不是说离开这里后去干嘛，你就是想离开这儿，然后躲在一个角落里死去，嗯？

当事人：（沉默 30 秒）

咨询师：仔细想了想你的情况，我确实真正理解了你这种想法有多么强烈，你——我想，从某种程度上来说，你在我眼里的样子就像一只受了伤的动物，只想缓慢地走开，走向死亡。这听上去有点像你想干的事情，你是这么想的：逃离这里，从此消失、死去、不复存在。

当事人：（沉默 1 分钟，用几乎听不见的声音说）昨天一整天、今天一上午，我都有这个想法，希望我死了。昨天晚上，我还祈祷我可以死掉。

咨询师：我想我完全理解你的想法——几天来你一直想的就是“死”，甚至为此还做了祈祷——这给了我很深刻的印象，“活着”对你来说太痛苦了，你只希望结束生命，不想活了。

当事人：（沉默1分12秒）

咨询师：所以你就一直希望——希望你死了。希望生命离开你。

当事人：（沉默30秒）

当事人：我只有这一个愿望，别无所求。甚至在这儿我都是这样想的。

咨询师：嗯，嗯，嗯。我想，孩子，除了死以外，你还希望做很多事情！只是“不想活了”这个想法比那些愿望都要强烈。

当事人：（沉默1分36秒）

咨询师：我特别想知道，你的那个朋友对你说的那些话，还是会让你觉得不好受，对吗？是不是有这方面的原因？

当事人：要这么说，也有吧。

咨询师：嗯。

当事人：（沉默47秒）

咨询师：我是这样理解整个事情的：可能，他觉得你不中用，这引起了你情绪上的极大波动，这使你想到了死，你不想活了。是这么回事吗？

当事人：我无能，我没用，既然如此，我活着还有什么意思？

咨询师：嗯，你觉得“我对另一个人毫无用处，既然如此——为什么还要活下去？”

当事人：（沉默21秒）

咨询师：我想，有一部分原因是——其实我也是猜测，你可以帮我想明白，我想这其中有一部分原因是，你觉得“我靠努力做事而想让他看到，我还可以，我真的努力了。可现在，如果我对他来说是没用的，如果他觉得我一无是处，那么，就说明我对任何人来讲都是多余的”。是这么回事吗，嗯？

当事人：是的，别人也是这样对我说的。

咨询师：是吧。嗯，我明白了。所以你觉得如果你像别人说的那样活下去的话，像有的人说的那样活下去的话，那么……那么，你也是毫无价值的。对任何人都没有价值。

当事人：（沉默 3 分 40 秒）

咨询师：我不知道这是否能帮你，但我想告诉你——我觉得我是理解你的——自己对别人来说完全是个无用之人，这是件让人感到非常痛苦的事，因为我也经历过一段时期——和你有一样的感受，我觉得很沮丧。我知道这是一段非常艰难的时期，让人难以忍受。

当事人：（沉默 13 分）

咨询师：我们还有几分钟时间。

当事人：（沉默 2 分 51 秒）

咨询师：下个星期二 11 点，你在我们约定的时间来，好吗？

当事人：（沉默 1 分 35 秒）

咨询师：可以吗？你还没回答我呢。你想在下星期二 11 点的时候来吗？

当事人：我不知道。

咨询师：你不知道？

当事人：（沉默 34 秒）

咨询师：现在你不知道——你是想回答说“好”，还是什么，嗯？——你那么沮丧、那么难受，这使得你根本不知道你是否能——能不能想那么久以后的事，是吗？

当事人：(沉默1分5秒)

咨询师：那咱们按这个时间预约吧，因为我确实想在这个时间见到你。(写预约条。)

当事人：(沉默30秒)

咨询师：还有一件事要说一下。如果你还是觉得这事令你难以忍受，不要犹豫，让护理人员给我打电话。如果你决定离开这里，我非常希望你能先让他们给我打个电话——这样我就可以在你走之前去看看你。我不会试图劝你留下来的。我只是想看看你。

当事人：我可能今天就走。去哪儿还不知道。不过去哪儿都无所谓。

咨询师：你好像已经下了决心要走了。你不是要去具体的目的地，你只是——只是想离开，是吧？

当事人：(沉默53秒，沮丧地嘟哝着)那就是为什么我想走的原因，因为无论发生什么事我都不在乎了。

咨询师：咦？

当事人：那就是为什么我想走的原因。因为发生什么事我都不在乎了。

咨询师：嗯，嗯。那就是为什么你想走的原因，因为你不在乎你自己。发生什么事情你都无所谓了。但是我想告诉你，我在乎你。我担心你会出什么事，我不想让你受到伤害。

当事人：(突然大哭起来，啜泣着说着什么。沉默30秒)

咨询师：(温和地说)不管怎么说，这样可以把所有的不痛快都哭出来吧。

当事人：(沉默35秒)

咨询师：你就哭吧，哭吧，哭出来吧……感到太难过了。

当事人：(抽泣，擤鼻涕，急促地喘气)

咨询师：我完全感觉得到你内心深处有多么痛苦——你就哭吧，哭出来吧。

当事人：（把头抵在桌子上放声大哭起来，啜泣得喘不过气来）

咨询师：我想这些日子以来你所有的苦恼、被压抑着的情绪都能宣泄出来。

当事人：（还在哭泣着，沉默 32 秒）

咨询师：这里有些纸巾，需要就用吧，嗯？（同情地）你的内心深处一定有被撕扯的感觉。

当事人：（沉默 1 分 56 秒）我真希望我能死。（哭着说）

咨询师：你就是想死了算了，是吗？嗯。你觉得那么难受，你希望不用再活着了。（说着话，治疗师轻轻地把手放在布朗的胳膊上。布朗没有什么明显的反应。情绪多少平静了一些。非常粗的喘息声。）

当事人：（沉默 1 分 10 秒）

咨询师：你觉得那么难受，心被撕碎了，这使你只想离开。

当事人：（沉默 3 分 29 秒）

咨询师：生活是那么令人难以忍受，是吧？你希望自己能一直哭、一直哭，哭个死去活来，希望能这样哭死过去。

当事人：（不停地喘着粗气。沉默 6 分 14 秒）

咨询师：我并不想催你，如果你确实需要我的帮助，我愿意待在这儿陪着你。可是，我的确还有一个约会，我已经晚了。

当事人：是的。（沉默 17 分）

咨询师：当然，你心里一直在想着什么事，对吗？

当事人：（沉默 1 分 18 秒）

咨询师：下周二见面，可以吗？

当事人：（声音听不清）

咨询师：你说什么？

当事人：我不知道。(难以听清)

咨询师：你不知道，嗯，我说的你都听到了。我是认真的。我想周二见到你，如果周二以前你想见我的话，也可以。所以呢，如果需要我的帮助，别犹豫，给我打电话。

当事人：(沉默1分钟)

咨询师：这太难了，是吗？

当事人：(沉默24秒)是的。

咨询师：是太难了。

当事人：(慢慢地站起身要走，沉默29秒)

咨询师：想带上那张纸条吗？

当事人：(布朗拿起那张预约条。沉默20秒)

咨询师：大厅那边有洗手间，可以去洗洗脸。

当事人：(布朗打开门。走廊里的各种噪音、说话声传了进来。沉默18秒。布朗又返回屋里。)还有烟吗？

咨询师：(递上一支香烟)就一支了，我在烟盒里找到的——不知哪儿还有。这烟放久了，好像有点儿干了。

当事人：我会来见你的。(声音很小，几乎听不清他说的话)

咨询师：好吧。布朗，我们下周二见。

## 四、结果与思考

自这次咨询之后，布朗后来还接受了近一年半的咨询治疗，最终出院回家，投入自己的新生活中，并努力进行社会适应。布朗在出院之后建立了自己的人际交往圈子，朋友中有男有女，相处不错，后来与医院和课题组的成员就不再来往了。但他曾给罗杰斯写过一封信，从中我们似乎可以看到咨询的结果与布朗的转变。信中说道："总之，和那些已经发生过的事情相比，我现在的状况是很好的，遇到不顺心的事情时，我会说上一句：‘见你的鬼去吧！’这感觉真好。”

罗杰斯对布朗一案的看法是，治疗关系的性质决定了对布朗治疗的进展。他认为在此案中并非来访者新的顿悟或者有意识的自我觉察在起主要作用。布朗在很多方面变成了一个全新的人，或者说，在很多方面，布朗生活得更加自主、更加独立。

# 案例3　荣格运用词语联想案例

该案例援引参考了荣格在《回忆·梦·思考》一书中，一个运用词语联想测验治疗抑郁症的案例。

## 一、基本情况介绍

### 1.人口学资料

来访者G，年轻女性，已婚(丈夫既有钱又有地位)，育有一女一子(女儿比儿子大两岁)，女儿4岁时因伤寒夭折。家境良好，住在乡下。

### 2.生活史

在G结婚之前，在她生长的小镇上，有一位很有钱的贵族公子K。他是一位工业家之子，相貌出众、颇有才华，是邻近地区所有姑娘都感兴趣的对象，姑娘们包括G都想嫁给他。G长得很漂亮，一心认为赢得他青睐的机会很大，或许有嫁给他的运气。可是后来她发现表面上看去他对她并无好感，比较冷淡，情感上没有回应，似乎没有联姻的可能。加之G的原生家庭虽富有但并不显要，与K算不上门当户对。所以她把这份感情深藏于心，一直没有向K表白。

家人也以两人的家境地位悬殊为由劝她打消嫁他的念想，并推荐了她现在的丈夫J。在矛盾中，她最后决定割舍对K的这份情思，随父母的心愿嫁给J。婚后，她也一直过得很幸福。

结婚五年后的一天，G儿时的一位朋友从家乡来看望她。在追忆过往中，这位朋友告诉她说："你结婚的时候，那位富有的工业家之子感到非常吃惊！你已经给那位先生(指镇上那位青年K)造成极大的痛苦。"G吃惊得很，愣愣地问："什么？我使他痛苦？"这位朋友随即又回答说："你难道不知道他深深地爱着你？不知道你嫁给别人后他有多么失望？"朋友的这番话使她心潮澎湃。搁置多年的那份情感又起波澜，激动之余她又有了一种莫名的惆怅和失落。从此之后，她便陷入了深深的压抑之中不能自拔，并且严重失眠，有点轻微的精神恍惚。

几星期后，悲剧发生了。这天，她在给2岁大的儿子和4岁大的女儿洗澡，用的是河里可能受到一定程度污染的水。她可爱的女儿兴高采烈地在澡盆里玩水，手里抓着一块海绵，蘸着水玩，然后把蘸满水的海绵放到嘴上吸吮，而且一直在这样玩。她注意到小女孩在吮吸蘸满水的海绵，可是她并没有制止（她明明知道河水是脏水）。过了一会儿，她的小儿子嚷嚷道："妈妈，我要喝水，妈妈，我要喝水！"她没有动，可是小男孩一直闹着要水喝，这时，她也舀给他一杯脏水，小男孩把水喝了。不久，小女孩伤寒病发作死掉。小男孩也病发，但被救活了。她就这样失去了她可爱的女儿。恰恰在这个时候，她压抑在心底的症状急剧恶化并发作。于是她被送进医院，被确诊为压抑性精神分裂症。

3.既往病史

因"抑郁症"求治，被精神科大夫诊断为"压抑性精神分裂症"，预后不良。一直依靠注射麻醉剂来对抗失眠症，精神极度恍惚，必须有人看着以防出现自杀等意外。除此之外，没有任何措施。身体健康。

4.评估和诊断

一般性的抑郁症。从本质上讲，这是一种心理发生性扰动，而不是患的精神分裂症。

## 二、问题分析

G在结婚前就压抑了对K的情感，未加验证地在家人的劝说下，退而求其次地与现在的丈夫J联姻。婚后的完满幸福本来在一定程度上弥补了她的遗憾，但这份缺憾因为朋友的一次到访重新浮出水面，她可能后悔自己当初既没有大方表白也没有耐心等待以致错失良缘。

后来她眼睁睁看着孩子饮用脏水而没有制止，当然是潜意识的，也许受到了抑郁症的影响。在她的潜意识中，她想要再有机会得到她错失的东西，否认她的婚姻，以便嫁给别的男人，结果她犯了谋杀罪。她没有意识到是她杀害了她的孩了，不知道自己犯了罪，但这一切在她心底留下了重创的阴影，隐隐地她知道自己需要为孩子的死负责，这就是她得抑郁症的一个重要原因。

## 三、咨询策略与过程

1.咨询策略

借助词语联想测验了解既往病史和心理症结，也分析讨论患者做的各种梦。

2.咨询过程

那时候荣格正忙于有关通过词语联想测验进行诊断的研究，便让G接受联想测验。测验中，用了很多的单词让她反应，发现有一些词语对她产生很大干扰。最大的一次干扰是由单词“天使(angel)”引起的，随后引起干扰的词还有“蓝色(blue)”“男人(man)”“邪恶(evil)”“富裕(rich)”“钱(money)”“亲爱的(dear)”“结婚(to marry)”，单词“固执(obstinate)”则完全没有引起反应。

随后，荣格从较大伤害性的语词来开始提问：“那么‘天使’呢？这个词对你有某种意义吧？”她回答说“当然，那意味着我失去的孩子”，说完便号啕大哭。当这场情绪风暴平息之后，荣格又问：“‘固执’这个词意味着什么？”她说：“什么意义也没有。”但荣格说：“这个词引起了大的干扰，这意味着它与某事有联系。”于是便问“邪恶”这个词，但从她嘴里什么也没有得到。这里有一种极为否定的感情，表示她拒绝回答荣格的问题，荣格继而问到“蓝色(blue)”，她说：“那是我那失去的孩子的眼睛。”荣格说：“你对那眼睛有特殊印象吗?”她说：“当然，这孩子刚生下来时，那眼睛是多么蓝啊!”这时荣格注意到她脸上的表情，继续问：“你为什么变得不安起来?”她回答说：“她的眼睛的颜色像另外一个人，和我丈夫的并不一样。”荣格紧接着又问：“‘男人’意味着什么?”她似乎有些犹豫，我问：“那‘男人’有什么使你烦恼的?”几番犹豫之后，她终于泄露出事情的真相：原来这个孩子的眼睛与她从前深爱的男子K的很相像。

荣格坦率地把自己通过联想测验了解到的一切都告诉她：是她杀害了自己的孩子。这么做的结果可想而知，断然指责一个人是杀人犯并非是一件小事，对于必须听取这种指责并接受的病人来说是十分痛苦的。听了这些话，她勃然大怒，大发雷霆，坚决否认是她杀死了自己可爱的孩子。她激动异常，几乎无法控制，她的情绪犹如暴风骤雨般爆发出来，似有雷霆万钧之势。后来，她终于能够平静下来了。

## 四、结果与思考

1.结果

一段日子之后，G竟然正视了现实，两个星期后她完全恢复，竟然可以出院了。荣格暗中查访她五年，她的病从未复发过。

2.咨询师的思考

G无意中成了一个谋杀犯，她潜意识里很清楚自己的过失，没有人宣判她的罪行，而她的良心却饱受煎熬，最终把自己送到了精神病院关起来接受惩罚。荣格实际上把她从另一种惩罚(即疯狂)中救了出来。因为，假如一个人接受了自己的罪孽，她就能带着这罪孽生活下去；如果一个人不能接受它，他就应该为不可避免的种种后果而备受痛苦折磨。

患有精神疾病的人都有一些没有说出来、一般人不知道的故事。荣格认为,只有找出这些纯属个人的故事之后,对病人的治疗才算是真正开始。这些故事是病人心中的秘密,是让她撞得粉身碎骨的岩石。要是能知道这些私藏的故事,就等于掌握了治疗的关键,所以医生的职责就是弄清这些病人心中的秘密。

在是否向G公开真相时,荣格有过挣扎,其他同事知道了会因"如果揭露真相反而使她更疯癫"为由阻止他,而荣格也想保护G免遭人议论或诉讼之罪,于是他一个人承担起了责任,冒了"如果她病情加重,自己也会处于麻烦之中"的风险,告诉了G他所了解和理解的真相。另外,他也相信心理学中并不存在明确的法则,一个问题可以这样回答也可以那样回答,完全取决于是否把无意识的各种因素考虑在内。

另外,在大多数情况下,只是探讨意识的材料还不够,有时候进行联想测验可能理出一条道路,对梦境进行诠释或与病人进行长期而耐心的接触也有同样的功效。在治疗上,问题大多数是从病人的整体而不是单从症状着手,我们必须注意深刻触及整个人格的种种问题。

在这个案例中,荣格在主要环节利用了词语联想的方法:为了弄清楚病人潜意识当中到底发生了什么事,存在着哪种情结,通过词语联想的方法,让被试做出反应,发现了G患病的心理渊源:G一直暗恋着K,当得知K也一直爱着她,又由于自己与别人结了婚而深深地伤害了K时,她后悔难当,内心非常想摆脱她既成事实的婚姻,但无奈这不可能。她心中的悔恨在潜意识中不断积压,以至于在某种场合下不由自主地发泄出来,恰巧伤害到自己的亲生骨肉。因为自己无法满足的欲望作祟,又失去自己珍视的东西,尤其是涉及一条幼小的生命,这无疑是雪上加霜,在内心深处烙上了永远也抹不掉的罪孽,以至于自已无法承受这沉重的压力，精神完全崩溃，陷入深深的抑郁。

荣格利用词语联想从患者潜意识中挖掘出患病的症结，并且明确告诉病人这一原因，引导病人去正视现实，从而把患者拉出深渊，并且把贴在患者身上预后不良的"精神分裂症"标签勇敢地撕掉，是对科学和生命的尊重，也是对来访者的负责。通常的药物治疗只能对生理机能起作用，而存在于患者潜意识中抹不掉的罪孽的烙印永远威慑着她的心灵，这样就不可避免地影响到生理病变。当然，药物治疗是必不可少的，但揭示病症的心理学背景也是至关重要的。这也就是荣格成功地把分析心理学引入精神医学，对精神医学领域的发展做出的重要贡献。

# 案例4　鲍尔比联合访谈案例

这个案例是鲍尔比创新地提出使用联合访谈，有别于个体访谈治疗，它是把涉及冲突的所有群体（例如家庭）成员聚在一起，听取各方的不同观点，通过群体互动过程，共同解决问题。在临床心理咨询中，经常会遇到这样的家庭，即家中有个唠叨的母亲和一个叛逆的孩子，互相令对方生气和猜忌，而父亲往往只站在某一方，因而使问题变得更糟。鲍尔比建议，在处理这类家庭问题时，除了个体单独咨询之外，还应该通过把涉及冲突的所有家庭成员聚在一起，听取各方的不同观点，经过一个较长期的互动过程，共同来解决问题。鲍尔比把这样的咨询技术称为联合访谈（joint interview）。以下这个心理治疗个案（Bowlby，1949）就是基于这样一种咨询技术来帮助问题儿童重塑行为的。

## 一、基本情况介绍

1.人口学资料和个性特征

这是鲍尔比一个较长期的治疗个案。来访者是一个名叫亨利的13岁男生，已经追踪了近2年半。他正在上语法学校，他的智力水平显示他能胜任在该校就读。但是他的功课很差，并且被看作是个懒惰、不爱整洁、不合作以及不守规矩的孩子。

2.与家庭成员关系

他的母亲是个非常不开心的女人，常常为这个孩子感到心酸，在家里反复抱怨他的所作所为。此外，亨利还粗鲁地对待比他小五岁的妹妹，还因为胡乱玩弄电源或者敲打家中的设备，导致家里不是电灯不亮就是水漫金山。他在很小的时候就和母亲不和，这样的不和在他妹妹出生后变本加厉。

3.咨询师观察

问题的本质及其原因是相当清楚的。但是解决起来却并不那么容易。母亲只是责怪这个孩子，没有看到她自己应该起到的作用和对儿子的行为问题所带来的影响。亨利同样对母亲不怀好意，责备母亲，也没有看到自己对这个问题的影响。鲍尔比鉴于母子之间这种严重的互相怀疑，以及他担心如果让母亲一道来咨询中心，亨利不会合作，因此一开始只是单独对亨利进行个体咨询，同时和其家人保持联系，并且与校长商讨是否能得到学校的帮助。但是，似乎进展不大。校方对亨利的报告仍然显示不是很正面；通过跟父母的访谈发现，家中的冲突仍然很激烈。在治疗过程中，亨利总是在回避。

## 二、问题分析

鲍尔比认为很多儿童的外显心理问题并不是真正的问题；真正需要我们解决的问题是家庭环境中不同成员之间的冲突。因此，他提出面对前来咨询的有心理问题的儿童，咨询师应该关注的不仅仅是儿童本身，而是儿童所在的整个家庭结构。在他看来，比如儿童出现了咬手指甲的坏毛病，类似这种儿童外显问题，通常涉及儿童所接触的很多人，甚至所有的人。换句话说，对于儿童来说，他们的心理问题往往植根于他与家庭成员的关系中。因此，心理咨询师首要任务就是要帮助来访者重新定向问题，看清真正的问题所在。

但是，对于儿童临床心理学家来说，他们通常遇到的困难是如何获得父母的合作来解决不良的家庭关系。当遇到关键家人的合作难以保证和维持的时候，咨询师往往只能脱离开儿童所处的家庭环境因素来解决问题。这样的咨询方式只能说是绝望之举。

鲍尔比认为儿童临床心理学家绝对不能忽视在家庭环境中其成员间的冲突，应该以帮助他们和睦相处解决冲突为主要目标。理解和解决这些冲突的经历本身就很有价值，因为它能让家庭成员知道他们所碰到的困难的本质是什么，以及知道这些解决冲突的技巧能够应用到未来可能遇到的问题中。

每个家庭成员都有归属感的需要。鲍尔比在接触儿童、指导研究工作中发现，父母和儿童对和睦相处都有强烈的愿望。如果家庭成员间互相猜忌、互为敌人，没有人会喜欢在这样的屋檐下生活。所有人都会寻求令他们幸福快乐的关系。因此，他认为应该创造某些特定的条件，让具有建设性的潜在力量在家庭环境中发挥作用，改善人际关系。鲍尔比把此类任务比喻为一项外科手术，即医生不是去修复骨头本身，而是去创造能够让骨头自行修复的条件。在家庭治疗，特别是心理咨询师在解决家庭冲突问题时，应该着重创造这种允许家庭成员自行“治愈”的条件。

## 三、心理咨询策略与过程

鲍尔比对亨利的每周单独咨询共持续了两年，由于效果不好，鲍尔比决定改变咨询方式，直面涉及该问题的主要家庭成员。他让亨利及其父亲和母亲一道来咨询。从最终的效果看，这是一次有意思的并且有价值的咨询。并且值得注意的是，它持续了两个小时，这是史无前例的一次，鲍尔比在过去很少这样做。

1. 前一个小时

前一个小时主要是每个人都在抱怨如何的不愉快及其他人如何的难相处。大量的消极情绪在这个阶段表现了出来。如果咨询到此就结束，那么这个咨询将是最没有意义的。鲍尔比在前一个小时说的很少，但是后一个小时，他开始做一些解释。他明确告诉来访者，他们中的每一位都对这个问题负有不可推卸的责任，并且指出每一位对其他人做出的敌意行为。此外，他还追述冲突产生的历史过程，以及对曾经发生的各类事件加以阐述。他在咨询中指出，母亲对待亨利的方式，特别是要求即刻服从和絮絮叨叨等方式，对亨利的行为造成了非常不良的影响。但是，他又指出母亲对待亨利的这些不可取的方式是母亲自己童年经历造成的。之后，母亲含着泪，用了几乎半个小时，当着自己的丈夫和15岁的儿子的面，讲述了她的童年记忆和与她母亲不愉快的关系。这里有一点值得注意的是，她丈夫也许知道这些事情，但是她的儿子亨利显然是不知道这些事情的。

2. 后一个小时

一个半小时之后，整个咨询的气氛发生了非常大的变化，三个人开始对对方的处境表示出同情。此刻，每个人开始出现了想与对方和睦相处的愿望。在最后的半小时中，这种和睦相处的需要完全公开地表达了出来，每个人都意识到，这种需要存在于每个人身上。接着是建设性的讨论。鲍尔比和他们一同讨论亨利在家和学校中做出的惹人讨厌的和自我受挫的行为，着重从如何能让他尽可能多地得到帮助去改进他的行为，以及为何母亲的唠叨使得他变得更糟这两个角度出发进行讨论。另外，他们还从母亲的焦虑和她的童年关系的角度讨论了母亲的唠叨；父亲还提到邻居一直批评他们两位家长对亨利过于唠叨。此外，他们还就父亲对亨利学业的期望以及儿子的不争气给他带来的心酸等问题进行了讨论。在这最后半个小时里，这三个人都愿意为了能和睦相处而合作，意识到为做到这一点他们是有共同的需要的，过去他们的处理方式破坏了这个目标。

鲍尔比在总结这个咨询案例时认为，这次两个小时的咨询是该案例中的转折点。

## 四、结果与思考

### 1. 联合访谈技术与其他治疗技术之间的关系

鲍尔比在本案例中的访谈技术直接借鉴了 Bion 的成人团体治疗技术(Bion, 1948; Bion & Rickman 1943)以及塔维斯特克人类关系研究所解决的社会团体中冲突的技术(Jaques, 1948)。这项技术强调应该在群体层面自由开放地解决存在于群体成员间的冲突,它是相对于个体层面的咨询方式的,因为后者的冲突存在于个体的不同心理系统之间。鲍尔比指出,尽管在他那个年代,还仍然不确定联合访谈技术处理类似个案是否可取,但是与不同成员分别进行单独的访谈仍然是必要的。鲍尔比进一步指出单独访谈之后,将实质性的问题提出来是非常有必要的。例如在本案例中,他在访谈中提出母亲的童年经历以及它与目前生活的联系,以及母亲和他本人的关系。尽管鲍尔比在处理孩子问题上对母亲的批评令她感到很不好受,但是她还是觉得鲍尔比这样的处理方式是有好处的,例如她提到要是她自己的父母能够接受这样的心理咨询帮助一定能够受益。经过了如上描述的联合访谈之后,单独访谈就会大不同于之前了。首先,冲突的每一方过去存在的想让咨询师站在他这边以及害怕对方可能已经成功做到这一点的想法和企图都减少了。其次,每个人都有愿望去修复过去的不良关系。

联合访谈的价值在于,它能让咨询师传递他们的观点,也就是父母和子女都对问题负有责任,这样可以帮助到所有的人以及不批评任何人。特别是,在联合访谈时,心理咨询师要继续与父母协作,帮助他们理解这方面的问题,以及他们对孩子不当态度的本质和根源。

心理咨询师可能一开始会疑惑这项技术是否能够稳妥地使得冲突方搁置争议。但是当认识到人们其实都抱有想和睦相处在一块儿的愿望这一事实，就能够有自信了，这就如外科医生知道了身体具备自愈的能力会给他们带来自信一样。可能心理咨询师仍然会忍不住要问，当着孩子的面讨论这些问题是否可取。实际上，这些问题早就在过去的单独访谈中讨论过数次，因此，在联合访谈中，没有新的实质性内容，而是讨论的氛围发生了变化，这个氛围向好的方面发展。因此，就不会出现暴力性的指责、尖酸的挖苦、残酷的威胁等场面。如果这些真的出现在咨询现场，那么咨询师应该为父母提供机会，帮助他们去矫正他们的看法，那么儿童也能就此看到咨询师并不是站在他父母那边的。

2. 家庭中的循环关系

非常重要的一点是，使用本案例中的技术可以影响除孩子之外的其他人的社会行为。例如本个案中，鲍尔比不仅帮助亨利修复他的社会关系，而且他的父母也得到了帮助。就如亨利在学校中的关系发生了实质性的进步一样，他的父母亲在各自的单位里也会有进步。因此，儿童临床咨询工作有助于其他组织领域中的关系，同样社会心理学家在改进组织领域中的关系的作用的同时，也可以进一步影响到家庭关系，也就是通过对例如企业中成员——也即家庭中的父母——所展开的工作。Mead(1948;引用自 Bowlby, 1949)谈论到这样一种恶性循环，即不安全的父母会培养出不安全的儿童，而后者长大之后又会去建设不安全的社会，反过来导致更多不安全的父母。鲍尔比认为，这话有一定的道理，但是只对了一半。Mead 所谈论的关系模式除了产生恶性循环之外，还可以产生良性的循环。例如，在公司内的人际冲突与不和会使得心烦意乱的员工把气发泄在家中的妻子和孩子身上，但是相反，愉快、合作的公司内人际关系会使得员工很好地对待自己的妻子和孩子。此外，在公司中员工的行为方式更可能会作为孩子的榜样。独裁或惩罚式的管理方式可能会增加员工在家中以同样的方式对待其子女的可能；民主或参与式的管理方式则有相反的影响。家庭中的变化也有可能使得儿童在长大之后变得更加焦虑，并且在今后的工作岗位或者自建家庭中增加冲突与不和的人际关系；但是也有可能变得友好和合作，因而在工作和家庭生活中收获友好的关系。

所以，改变关键社会关系的技术可以使得这种关系循环变好，也可以变坏。此外，在安全、合作的社会里，父母对孩子施与爱和安全，让他们长大成为稳定的、心安的人，那么就能够继续维持和进一步促进社会的健康发展。在这个关系循环中，每一环都是很重要的，没有孰强孰弱。值得注意的是，恶性循环可以在任何环节被打破，良性循环在任何环节都能进一步加以改善。因此对于这些治疗和咨询技术，例如在组织行为领域中的社会治疗、儿童临床咨询、家庭婚姻治疗、成人团体治疗、精神分析等等而言，尽管各自都有特定的任务，在某种程度上相互独立，但是它们都有一个共同的目标，即降低冲突，促进群体内部成员对合作的理解。这一点将对关系循环往积极方向发展起到重要的作用。

# 案例 5　艾森克心理治疗思想治疗网络成瘾者案例

这是一例应用艾森克心理治疗思想，治疗一位男性网络成瘾者的咨询案例。

## 一、基本情况介绍

网络成瘾，指由重复使用网络所导致的一种慢性或周期性的着迷状态，并产生难以抗拒的再度使用的欲望。青少年无法控制自己的网络使用行为，从而导致人际交往减弱、情绪焦虑、抑郁和孤独感增加，进而影响到日常学习和生活。由于学习动力不足、自卑感强、理想与现实的落差大等原因，中学生的网络成瘾现象尤为严重。现对国外的一例典型案例进行分析，以期为今后预防和干预国内的青少年网络成瘾提供依据。

John，男，21 岁，非裔美国人，美国某大学一年级学生。2010 年 3 月求助得克萨斯州社区心理健康门诊。John 身高约 1.74 米，体型偏瘦，未发现躯体疾病，家族无精神疾病史。当事人在大学第一学期，每周上网时间曾达到 6 次通宵，导致精神不振，上课时睡觉，对学习和人际交往没有任何兴趣。饮食无规律，常有头晕感。第二学期，当事人意识到自己这样不行，经好友严厉警告、劝说，当事人去网吧的次数少了，但是却用原来上网的时间阅读网络小说，并用手机上网，学习、生活和人际关系依然未见好转。

John 是家庭的独子，但他很少与父母待在一起，几乎不跟父母进行任何交流，父母对其期望不高，母亲性格暴躁，缺少教育方法，John

对自我要求过低,缺乏具体的生活目标。John在7年级时开始接触网络,觉得网络游戏新奇刺激,可以陪伴孤独的自己。上高中后依然迷恋网络,但是母亲开始限制上网时间,John越被限制越感到没有满足感。高中时偶尔会和同学打篮球,现实里也交朋友。到了大学,时间更自由了,John更加沉迷网络不能自拔。

## 二、问题分析

John实际上患有严重的网络成瘾症。网络成瘾和其他行为成瘾一样,具有六个核心成分:突显性、心境改变、耐受性、戒断症状、冲突和反复。根据Young网络成瘾诊断标准中的8个题项,如果被试对其中5个以上的题目给予肯定回答,就会被诊断为网络成瘾。这8个题目分别是:(1)我会全神贯注于网际或在线服务活动,并且在下网后总念念不忘网事;(2)我觉得需要花更多的时间在线上才能得到满足;(3)我曾努力过多次想控制或停止使用网络,但并没有成功;(4)当我企图减少或停止使用,我会觉得沮丧、心情低落或是容易脾气暴躁;(5)我花费在网络上的时间比原先意图的还要长;(6)我为了上网而增加了重要的人际关系、教育或工作机会损失的危险;(7)我曾向家人、朋友或他人说谎以隐瞒我涉入网络的状态;(8)我上网是为刻意逃避问题或试着释放一些感觉,诸如无助、罪恶感、焦虑或沮丧。

本案例中,John迷恋网络时间长达四年,也曾努力过多次想控制或停止使用网络,但都没有成功,当他离开网络后,就觉得沮丧、心情低落,每次一上线就无法离开,甚至通宵达旦,因为上网而不愿意和人交往,旷课,挂科,每次妈妈打电话来,就说自己并没有上网,而是在教室上课,觉得上网能逃避现实的无助感,辜负了妈妈的期望,那些对前途的焦虑和沮丧可以得到缓解,但每次下线后就感到空虚、罪恶感深重。因此,符合以上标准中的6条,即诊断为网络成瘾。

Davis提出网络成瘾的认知一行为模型，认为影响网络成瘾的核心因素是“非适应性认知”（maladaptive cognition），弄清楚网络成瘾者上网的认知因素，让其暴露在最敏感的刺激面前，挑战他们的不适应性认知，逐步训练他们上网的正确思考方式和行为。通过个人的时间管理、自我激励和支持系统帮助成瘾者建立有效的处理策略，从而改变成瘾行为，达到治疗目的。具体治疗过程包括：(1)找出当前面临的主要问题（生活事件）；(2)识别与生活事件有关的自动想法及情绪、行为问题；(3)识别不合理信念；(4)识别认知不良；(5)学会认知技术、问题解决技术、人际交往技术等，减少上网时间。

## 三、咨询策略与过程

咨询师首先向John介绍行为认知治疗技术，举例说明情绪与行为由认知决定，帮助纠正错误的认知，建立正确的认知，最终达到消除网络成瘾的目的。咨询师和当事人一起探讨网络成瘾的原因，当事人自我分析：(1)父母与自己缺乏情感沟通，教育方法有缺陷，本来开始只是出于好奇而上网，但父母却坚决反对和控制自己上网，于是青春期的自己就产生了逆反心理，在心理上要求自我人格独立，一旦离开父母的束缚就放纵自己上网的行为，在网上寻求归属感；(2)意志力薄弱。明知道上网会影响学习和个人发展，但网络带来的虚拟快感让自己欲罢不能；(3)现实里有很多烦恼，由于基础不好，学的汽车修理专业的课程都不怎么懂，读的是高职学校，觉得低人一等，没什么前途可言，感觉自己无目标、无兴趣、无动力，觉得全世界人都在轻视自己。

当事人把过度上网作为发泄内心郁闷、逃避现实、惩罚自己和父母的唯一方式，咨询师赞同他的分析。于是咨询师和当事人一起上网探讨网络资源的应用，让当事人了解网络是一把双刃剑，一方面适度接触网络，可以获得信息、放松，促进学习；另一方面过度上网则严重影响学习、生活。与当事人讨论在治疗期间必须遵循的基本规则，帮助当事人制定计划以消除与上网体验相联系的强化物：如减少看网游小说的时间，减少利用手机上网的时间，与同学避谈网游话题，聊别的现实生活内容，重新建构从网络中获得的愉快体验的认知评价，学会在现实生活中有效地与他人交往；与当事人讨论上网、下线时的自我，使他意识到上网只是生活和探寻理想自我的一种方式，并引导其在现实生活中将理想和现实自我整合起来；每周对治疗过程回顾一次，当事人做记录，并与咨询师讨论在这段时间中所学到的东西、达到的具体目标、感受以及症状减轻了多少等，逐步把对网络的依赖转移到现实生活中来，在治疗期间允许当事人适当地玩游戏，时间限制开始由咨询师掌握，由辅导员监督，逐渐由当事人自己掌握。并在每一次来访时都鼓励他抱着乐观的态度，形成对未来、对自我、对世界的乐观看法，投入更多的时间和精力面对和接受现实。在认知行为治疗中，帮助当事人主动放弃非理性认知与不良行为，将新的认知模式应用于实践，指导自己的生活，让当事人慢慢看清和相信通过努力改变认知和行为确实能带来好的后果。

治疗师对 John 进行了加强心理控制行为方面的训练。心理控制训练就是通过改变人们的自我意象，启动成功机制，从而改变不良情绪和行为，进而改变人生。每个人心里都有一个“自动导向系统”，通过帮助当事人纠正自我意象并控制它为其所用，获得信心和力量，从而戒除网瘾。本案例当事人在自我意象中认为自己在现实里是个“失败型”的人，他认为一些心理需求如安全需求、社交需求、尊重需求等唯有通过网络才能获得，尽管他自己想克制上网的时间，却总是无法抗拒。

具体操作程序如下：

(1)咨询师首先与当事人一起商定治疗要达到的目标：戒除网瘾，

回归到正常的学习、生活和人际交往的状态。然后向当事人简单介绍心理控制训练的原理、操作和方法，再指导当事人做放松后并引导进入想象状态，让当事人对自我意象的内容进行准确分类和分析。

(2)让当事人辨认出自我意象里那些非理性的部分，有计划地改变它，使它能更好地为目标服务。

(3)想象重构，管理自我意象。让当事人不断去做"积极想象"，给自己放"精神电影"，让当事人观察一个他最希望得到其品性的人、过着他想过的生活(正确使用网络)的人，每天在起床的时候，在放松的状态下，闭目冥想15～20分钟，想象自己成为"榜样"那样的人，具有那样的品性、行为、情绪、力量……然后不停地捍卫这个念头，获得自信，并在现实里通过借鉴，为己所用。

(4)运用于与自我意象相一致的想象，使它与伺服机制交流，从而让后者成为一种自动成功机制，向着设定的目标稳步迈进。这一步要注意，当事人必须坚定一个目标，绝不动摇。

(5)将伺服机制有效利用，让它准确地提供解决具体目标所需的思想、信息或答案。

在对当事人的心理控制训练中，要坚持以下几个原则：其一是必须让当事人有一个清晰具体的目标；其二是相信它通过某种手段和方式是一定可以实现的；其三是学会放松，不要怕犯错或一时失利，犯错后，立即回到正确轨道上来，纠正路线；其四是不停地学习目标中的各种技能；其五是勇于实践，将新的自我意象有意识地努力强迫它发挥作用，只有行动起来，才有力量。

## 四、结果与思考

经过一段时间的干预，当事人John反映上网时间减少了许多，心情也好多了，不旷课了，会按咨询师的指导去练习那些技巧。咨询师也明显感觉到当事人的精神状态好多了。当事人身边的同学反映John爱笑了,整夜上网的现象已经杜绝。

咨询师对John的心理干预一直坚持了两年,具体干预过程主要是从网络成瘾的心理调节来进行的,具体采用了认知行为疗法、心理控制训练等其他相结合的综合疗法,取得了一定成效。咨询师没有急于求成,采取循序渐进的步骤,当事人在咨询过程中,慢慢获得自信、接纳自我,恢复正常的人际交往。两年后,John顺利完成学业走上实习岗位。不过咨询师也可以采用与行为主义有关的其他疗法治疗网络成瘾:

(1)厌恶疗法,也叫作厌恶性条件法,是一种较常用的行为治疗技术,其做法是将要戒除的目标行为(或症状)与某种不愉快的或惩罚性的刺激结合起来,通过厌恶性条件作用,达到患者最终因感到厌恶或不快而戒除或减少网络成瘾行为的目的。厌恶性刺激,可以是药物、电击等,也可以是想象的厌恶性刺激,都可以矫正网络成瘾等不良行为。

其一,药物厌恶法。具体方法就是利用一些催吐药物造成难以忍受的恶心、呕吐、发颤等症状,与需要接触的目标行为结合,从而矫正网络成瘾行为。咨询师首先诱导来访者把电脑、网络看作是条件刺激,把见到电脑就要上网及从事与网络有关的行为看作习得性的条件反应,也就是需要矫正的目标行为;其次,用催吐药物(如阿朴吗啡或吐根碱)作为无条件刺激,以引起个体的痛苦反应,即恶心、呕吐等无条件反应;最后,结合网络成瘾者的上网习惯,在他控制不住、非常想要上网的时刻,先让其服用催吐药物,在即将出现恶心、呕吐时,再让他上网,接着由于药物的作用,便会发生强烈的恶心、呕吐等厌恶反应。这样,每天一次,直到网络成瘾的大学生对网络产生厌烦为止,并自动地戒除网瘾。

其二,想象厌恶法。由治疗者口头讲述某些厌恶情境,与网络成瘾者想象中的"网络成瘾"的情境联系起来。如假设网络成瘾者沉溺于网络游戏,咨询师可以指导他,每当他的这方面欲望或动机变得强烈时,咨询师要他立即闭上眼睛,想象眼前站着一位使他感到害怕的人或动物,如威严的父亲或老师等;也可以想象使他感到恐怖的电影等情节。不断地加以刺激、强化、反馈,最终使网络(条件刺激)与恐怖情景(无条件刺激)之间建立固定联系,以此来戒除网络成瘾行为。

(2)暴露疗法。这种方法是诱导患者缓慢地暴露于导致神经症焦虑的情境,并通过心理的放松状态来对抗这种焦虑情绪,从而达到消除焦虑习惯的目的。作为大学生网络成瘾者,有大部分的人并非不知道网络成瘾的危害,只是他们对自己的行为失去控制,正如有些大学生网络成瘾者所说:"我每天都要摸一下键盘,每天都要到网上去溜达一圈,一旦上网,想下来都难。我也知道这样做不对,可是控制不住,从网上下来后,仔细想想,也觉得很没意思,所以感到焦虑。"人的肌肉放松与焦虑是两个对抗过程,两者不能相容,一种状态出现,必然会对另一种状态产生抑制作用,即交互抑制。因此,要让患者学会一些肌肉放松技术,并鼓励患者在放松状态下逐渐地从事他所焦虑的行为,进而有效地治疗。

# 案例6　沃尔普行为治疗案例

为了展现沃尔普的心理健康思想在行为治疗中的应用，这里精选了两个行为治疗的案例。第一个案例是行为治疗中初始访谈环节的经典之作，旨在帮助读者学习基本的初始访谈技术；第二个案例是运用行为疗法治疗焦虑的案例。皆为沃尔普本人所做。沃尔普认为，人类的焦虑反应习惯有两个不同的基础，一个是以经典条件反射为基础的焦虑，另一个是以认知为基础的焦虑。第二个案例介绍了如何对建立在经典性条件反射基础上的神经症性焦虑进行治疗。

**【案例1】**

## 一、基本情况介绍

G小姐，21岁。和父母、奶奶、妹妹一起生活。父亲性格温和，和来访者关系很好。母亲较强势，小时候有打过来访者的经历。来访者和妹妹相处较好，但是并没有形成较亲密的关系。来访者1963年中学毕业后，在某医学学校成为一名X光技术人员。来访者喜欢做一名幼儿教师，不喜欢自己目前的工作。

来访者在10岁至11岁期间害怕洗澡，曾经患有幽闭恐惧症，12岁以后有所好转。上小学六年级时，因在全班同学面前朗读时手剧烈发抖，从14岁开始，总是感觉非常紧张，特别害怕当众发言。读高中时，不敢和男孩子一起出去，感觉非常紧张，后来一直害怕和男性交往。在工作中，和患者接触会感到紧张，担心有些患者会攻击自己，害怕医院领导的批评。害怕人多的地方，对别人的注视或想象中的注视感到焦虑。当别人侵犯了自己的利益时,如排队时插队,心中压抑着愤怒却不敢表达自己的感受和想法。但是,来访者和家人在一起时却没有任何焦虑感。

## 二、问题分析

来访者在公共场合与人接触会感到焦虑、怕与他人目光对视,害怕别人的批评,已经影响了来访者的正常生活、社交活动和人际关系,并因这种焦虑感到苦恼。根据美国《精神疾病诊断与统计手册》DSM－IV－TR 的诊断标准,来访者的症状符合社交焦虑障碍;根据中国精神障碍分类与诊断标准 CCMD－3,来访者符合社交恐惧症的神经症。

## 三、心理咨询策略与过程

本案例的目的并不是对来访者的社交焦虑障碍进行治疗,而是在初始访谈中帮助学习者掌握行为治疗的基本过程,即通过层层询问,了解诱发来访者焦虑的先行因素是什么。

### (一)咨询目标

1.本次咨询目标:在初始访谈中,治疗师的目标是通过共情、倾听等和来访者建立彼此信任的咨访关系,了解来访者焦虑行为形成的原因。

2. 中期目标:通过系统脱敏疗法消除来访者对被注视或批评的焦虑,并通过自我肯定性训练帮助来访者敢于表达自己的感受。

3. 长期目标:帮助来访者增强自信,促进其自我接纳,改善人际关系,提高适应能力,达到人格的健全发展。

### (二)行为分析

行为分析,也称行为功能分析,是在进行正式的行为治疗前对与

行为问题有关的各个方面的控制影响因素作一系统分析。在本个案中,治疗师对来访者的行为分析如下:

第一,了解来访者问题行为的表现是什么。来访者主诉自己一直感到很紧张。有必要和来访者澄清的是,来访者是每时每刻感到紧张,还是只在某些特定的情境中感到紧张?在本个案中,来访者和家人在一起时,并没有紧张感,只是在社交场所才会有此反应。

第二,了解引发来访者紧张的刺激以及最初焦虑发生的环境。本个案中,来访者害怕当众发言、害怕被人注视及被人批评,在自身权益受到威胁却无法表达自己感受的情境中也会感到焦虑。这些焦虑最初发生在小学,来访者当众朗读课文时,因过度紧张手发抖,从而形成了对别人注视和评价刺激的条件反射性反应。在以后成长的过程中,这种焦虑反应又得到泛化,不仅当众发言感到紧张,甚至和别人对视也会感到焦虑。

第三,探索控制来访者焦虑的可能因素。在本个案中,来访者主诉对男性感到焦虑,治疗师通过反复问话了解来访者对不同年龄男性的焦虑程度;此外,来访者对别人的注视感到焦虑,因此确定他人距离来访者的远近、围观的人数对来访者焦虑的影响都很重要,从而为以后在系统脱敏法中建立焦虑等级结构奠定了基础。

第四,在行为分析的基础上,确定心理治疗方法。在本个案中,来访者很难表达自己的感受和观点,可以使用自我肯定性训练进行干预。然而,由于来访者对被注视和批评感到焦虑,在自我肯定反应中可能会因被围观出现强烈的焦虑情绪,因此,治疗师需要先对她被注视和批评感到的焦虑进行系统脱敏后,才能进行自我肯定性训练。

**(三)治疗过程**

治疗师:你叫卡罗尔·格林(Carol Green)?多大年龄?

G小姐:21岁。

治疗师：你的问题是什么？

G小姐：我总是非常非常紧张。

治疗师：总是这样？

G小姐：是的，总是这样[1]。

（1. 了解来访者是否存在持续的焦虑非常重要。焦虑的来源不同——最常见的是正在进行的冲突，对可能发生的灾难进行的沉思默想，以及广泛性焦虑。这里的情况是，以后会发现，G小姐强调自己总是焦虑地陈述是不确切的。）

治疗师：这种情况已经持续了多久？

G小姐：从我14岁的时候就开始了。

治疗师：你还记得是什么让你那么焦虑的吗？

G小姐：确实不记得了，我希望我能记得。

治疗师：但是，你没有说在14岁之前你不紧张，是吗？

G小姐：哦，那时我也紧张，但是没有这么极端。我记得……特别是上小学的时候，我可能在全班朗读了一些东西，然后我变得非常紧张——好像是当众发言或回答问题。这让我非常烦恼。

治疗师：哦，那是一个特殊的情境。

G小姐：是的，但是我现在一直感到很紧张。无论在房间里面，还是走出家门都很紧张。

治疗师：好，让我们构建一幅画面。你说小学时，你只是在全班同学面前发言的时候才感到紧张，只在那个时候吗？

G小姐：是的。

治疗师：在高中呢？

G小姐：情况更糟糕了。我们和男孩子一起出去的时候，我就会非常紧张。

治疗师：你的意思是说，你在全班同学面前变得更紧张了？

G小姐：我一晚上都睡不着，担心在全班面前发言或做其他的事情。

治疗师：你还说，你和男孩子出去的时候会紧张。

G小姐：是的，我很害怕，特别是去相亲的时候，我会吓得要死。

治疗师：哦，那在某种程度上不是很正常吗[2]？

（2. 治疗师暗示她，她的害怕并没有过于偏离正常人的反应。）

G小姐：我想是那样，但是我表现得特别极端。

治疗师：如果你和自己认识的人约会，会怎么样？

G小姐：哦，过一会儿我会冷静一些，但是仍然会感到紧张。

治疗师：如果你和女友们出去会怎么样？

G小姐：不会那么紧张。我可能仍然会有一点紧张，只是没有那么强烈。

治疗师：你在高中的时候，还有没有其他的情境让你紧张？

G小姐：我想不出其他的了，基本上是这样，当我要走出房间的时候，任何事情都会让我烦恼。

治疗师：任何事情？像什么样的事情？

G小姐：哦，你知道，我害怕参加考试或类似的事情，或者在别人面前发言。只要和别人在一起我就会害怕。

治疗师：和任何人在一起都会害怕？

G小姐：是的，如果我和不认识的人在一起会更害怕[3]。

（3. 这说明，她的社交焦虑与对其他人的熟悉程度有关。）

治疗师：在度假的时候会怎么样？

G小姐：度假？我不明白你的意思。

治疗师：哦，我的意思是，你在学校或考试的时候会紧张，但是度假期间没有考试，你走出房间仍然会感到紧张吗？

G小姐：有一点，但是没有那么强[4]。因为我不会想那么多了。

（4. 呈现考试的威胁时，她整体的焦虑水平会上升。）

治疗师：你什么时间从高中毕业的？

G小姐：1963年。

治疗师：然后你去做什么了？

G小姐：我去学校成了一名技术人员。

治疗师：哪种技术人员呢？

G小姐：X光。

治疗师：你喜欢这个工作吗？

G小姐：不喜欢。我不知道自己还能做什么。我做这项工作唯一的原因是我认为它应该是有趣的，但是我到了那里后，对任何事情都感到非常紧张。和患者在一起让我很害怕。

治疗师：患者让你害怕？

G小姐：是啊，特别是有攻击性的患者，害怕他们万一出现什么问题。

治疗师：你害怕万一他们出什么问题吗？

G小姐：是的，万一他们攻击我或做其他的事情[5]。

（5. 她的焦虑有了完全不同的来源。）

治疗师：这以前发生过吗？

G小姐：没有。

治疗师：哦，你成为一名技术员后到现在已经五年了。

G小姐：大约四年。

治疗师：在这四年的时间里，你是变得更紧张了，还是不那么紧张了，还是一直是这样？

G小姐：明确地说，是更紧张了[6]。

（6. 明确紧张反应的发展方向非常重要。）

治疗师：你逐渐发展为更紧张了？

G小姐：是的。

治疗师：总是这样吗？

G小姐：是的，我的嘴总是绷得紧紧的。

治疗师：我明白了。现在，还有其他特殊的事情让你紧张吗？

G小姐：特殊的事情？

治疗师：好，我们现在开始考虑你的工作情况。

G小姐：是的。

治疗师：你说过，有攻击性的来访者会让你感到更紧张。

G小姐：还有我的老板。

治疗师：是吗？

G小姐：他让我特别紧张，我害怕他。

治疗师：为什么，他很严格吗？

G小姐：嗯，是的，他是那个样子。

治疗师：他对你疯疯癫癫的吗？他对你尖叫吗？等等。

G小姐：从来没有对我那样。但是我总是害怕会发生什么。

治疗师：护士们会怎么样？

G小姐：不清楚。我不怎么和她们接触。

治疗师：那么，谁还让你感到害怕呢？

G小姐：男人。

治疗师：男人？

G小姐：是的，如果我和他们出去的时候。

治疗师：好。来你工作场所的男人是什么样的？就像那些医学生吗？

G小姐：是的，他们也让我感到害怕。

治疗师：他们让你感到害怕，怎样让你害怕呢？

G小姐：我害怕……我不知道，我其实不害怕他们。我只是害怕我会怎么做……我的紧张感会让人看出来。我总是想这些事情。

治疗师：哦，你只是害怕被别人注视吗[7]？

(7. 和不被注视相比，被人们注视意味着要与人有更多的接触。)

G小姐：是的，我认为每个人都在看着我。

治疗师：那是在工作的时候。当你不工作的时候，什么样的情境会让你害怕呢？

G小姐：就是出来的时候。你知道，我害怕他们会看到我这个样子。我害怕买东西，因为我担心自己会发抖，我的嘴总是紧紧地闭着。我害怕直接看人们的眼睛[8]。

(8. 这将被注视的效果最大化。)

治疗师：你是只害怕用眼睛护送你的人，还是害怕任何人？

G小姐：任何人。

治疗师：因此，脸对脸地看一个人会增加你的紧张感？

G小姐：是。

治疗师：假如你正走在大街上，路对面有些人坐在一条长凳上等公交车。现在这些人正在茫然地看着街对面。你意识到他们的存在了吗？

G小姐：是的，很明确。

治疗师：甚至他们都没有看你一眼？

G小姐：是的。

治疗师：我必须要确认这一点[9]。

(9. 很多来访者最初会将一些微小的压力报告为"完全感到舒适"。)

G小姐：是的。

治疗师：如果你完全是自己一个人，会感到平静和轻松吗？

G小姐：是的，我会。我在家也一样，感觉很好。

治疗师:好,这说明有些人注视你,但是不会对你造成困扰。

G小姐:是的,有时候是这样。但是我也不知道为什么会这样。

治疗师:好,你妈妈怎么样?

G小姐:妈妈在家不会让我感到紧张。

治疗师:只要你妈妈愿意,她可以随便注视着你?

G小姐:是的,那很傻但是……

治疗师:哦,那一点都不傻[10],这仅仅是事情发展到一定程度的呈现方式。

(10.来访者要将自己的焦虑反应作为事实来接纳。这些反应既不"错误",也不"愚蠢"。)

G小姐:我知道。

治疗师:还有谁注视你却不能引起你的困扰?

G小姐:我的家里人都是这样。

治疗师:你家里都有谁?

G小姐:爸爸、妈妈、妹妹和奶奶。

治疗师:除了这些人,还有谁看着你却不会让你感到紧张呢?

G小姐:没有了。

治疗师:婴儿呢?

G小姐:婴儿不会,还有老年人也不会让我紧张。

治疗师:4岁的小男孩呢?

G小姐:不会。

治疗师:6岁的呢?

G小姐:不会。

治疗师:8岁的呢?

G小姐:不会。他们长大了,我会紧张的。

治疗师:12岁吗?

G 小姐：大概是十几岁的样子。

治疗师：大约 12 岁？这个年龄的男孩会困扰你？

G 小姐：是的。

治疗师：我是不是可以理解为，12 岁和 18 岁的男孩对你产生的困扰不会一样严重吧？

G 小姐：是的。

治疗师：让我们回到大街上，你正在走路，有三个人坐在马路对面的长凳上。对你而言，他们是三个男人或女人有没有差别？

G 小姐：没有差别。如果我看到非常漂亮的人会感觉更不好。

治疗师：当你看他的时候，而他根本没有看你，也会感觉不好吗？

G 小姐：是的[11]。

(11. 乍一看，这是她规则中的例外情况。但是在随后的谈话中，会很清楚地发现，她会对预期的焦虑诱发人物的注视做出紧张的反应。)

治疗师：如果你去看电影，影片中有一个非常漂亮的电影明星，这会困扰你吗？

G 小姐：不会，因为我知道他不会看到我的。

治疗师：如果有一个漂亮的演员在舞台上呢？

G 小姐：我会紧张的。

治疗师：即使他没有注视你也会困扰你吗？

G 小姐：除非在特别黑的场所，他根本看不到我。

治疗师：好，仅仅当他能看到你的时候你才会感到害怕——你认为他会看见你。

G 小姐：我认为他会的。

治疗师：除了注视你之外，还有什么事情让你感到紧张？我已经知道，你害怕他们批评你，你害怕老板批评你。

G小姐：别人批评我，我会很难过，即使我知道自己是对的。可是，我不会辩解，不能告诉他们我是对的[12]。我只会感到窒息，很想哭。

（12. 另一个焦虑的主要来源。）

治疗师：还有其他的事情让你难过吗？

G小姐：哦，就是他们说我做错了——无论我做错了还是做对了，都会让我难过。

治疗师：那是一种批评。假如人们表扬你呢？

G小姐：我会感觉很好。

治疗师：好，那会让你感觉很好。你比妹妹大几岁呢[13]？

（13. 开始询问家庭背景。）

G小姐：三岁。

治疗师：你父亲是个什么样的人？

G小姐：他很安静，我父母都是容易紧张的人，我妹妹也是。我全家人都是这样。

治疗师：你小时候，爸爸对你好吗？

G小姐：是的。

治疗师：妈妈呢？

G小姐：她比我爸爸要强势一些。我更喜欢爸爸，而妹妹更喜欢妈妈。

治疗师：你妈妈在哪些方面显示出强势呢？

G小姐：什么事情都难不倒她，至少从表面上看是这样。事情都压在我和爸爸身上，妈妈是做出决定的人。

治疗师：你爸爸做什么工作？

G小姐：卖保险。

治疗师：你小时候父母会惩罚你吗？

G小姐：有时会打我。我妈妈会打我，爸爸几乎没打过。

治疗师：妈妈经常打你吗？

G 小姐：不经常打。

治疗师：好的，她会做一些其他事情约束你吗？

G 小姐：不，没有。她几乎不说什么话。

治疗师：当父母惩罚你的时候，你觉得那是不合理的吗？

G 小姐：有时候会觉得。

治疗师：在你的家庭生活中有没有重要的其他人？你的奶奶、阿姨或护士？

G 小姐：是的，我奶奶——她和我们一起生活。

治疗师：好，她怎么样？她是一个什么样的人？

G 小姐：她对我很好。我是她的第一个孙女，因此她对我的关注比我妹妹多，但是她没有出生在美国，也没有受过教育，因此不能理解我。

治疗师：你和妹妹相处得怎么样？

G 小姐：我们过去经常打架，但是最近我们相处得比以前好多了，我们实际上并不亲密，因为她和我是不同的人。

治疗师：她是什么样的人？

G 小姐：她比我爱说话——更外向。我是比较安静的人。

治疗师：你以前是在费城上学吗？

G 小姐：是的。

治疗师：你喜欢学校吗？

G 小姐：其实不喜欢。

治疗师：哪些地方你不喜欢呢？

G 小姐：我害怕在全班同学面前站起来讲话[14]。

（14. 前面已经提到过这个问题，此处将会继续深入探索。）

治疗师：哦，只是害怕那些吗？

G小姐：是的。

治疗师：你的学习成绩怎么样？

G小姐：我的分数是B。

治疗师：你参加体育运动吗？

G小姐：不参加。

治疗师：你有朋友吗？

G小姐：是的，我有很多朋友。

治疗师：有亲密的朋友吗？

G小姐：是的，有一个。

治疗师：你说自己不喜欢成为一名X光技术员，你喜欢什么职业？

G小姐：我想成为一名幼儿园教师，我喜欢和孩子们在一起。

治疗师：你小时候除了害怕在全班同学面前站起来讲话，还有其他害怕的吗？

G小姐：没有。

治疗师：例如，害怕昆虫、黑暗？

G小姐：我害怕洗澡，因为我有幽闭恐惧症[15]。

（15. 治疗师的坚持再次有了收获。）

治疗师：什么时候产生的呢？

G小姐：我记不得了，我猜测大约在10岁或11岁的时候。

治疗师：你12岁以后，恐惧消失了吗？

G小姐：哦，如果有人把我锁在密闭的房间里，我还会害怕，但是我不害怕洗澡了。

治疗师：你喜欢乘坐电梯吗？

G小姐：我过去害怕乘坐，现在不再害怕了[16]。

（16. 随着成长，很多童年的恐惧会逐渐被克服。G小姐仍旧对密闭的房间有某种程度的恐惧，但是这和她现在严重的神经症已经没有了明显的相关。)

治疗师:你现在可以乘坐电梯了吗?

G小姐:是的,可以乘坐了。

治疗师:你上学的时候,还记得发生了什么事情,让你特别害怕在全班同学面前站起来说话吗?

G小姐:是的。我上六年级的时候,要在全班同学面前朗读课文。我的手紧紧抓住课本开始发抖。老师说:"你怎么啦?"我当时确实说不出话来[17]。从此,如果我在全班同学面前朗读,只能把书放在课桌上读,我仍旧会紧张。

(17. 看上去这是一件重要的条件反射性事件。她的手发抖说明她有预先存在的焦虑条件反射,但是在那件事以前没有发生过什么事情,那么一些生理原因如血糖过低看上去可能是手抖的原因。)

治疗师:在这件事发生前,你总是紧张吗?

G小姐:是的。

治疗师:这件事发生后,你的紧张变得更严重了吗?

G小姐:是的。

治疗师:我要问一问,你在每天的生活中对一些事情会做出怎样的反应[18]。假如你在排队的时候,有人在你前面插队了,你的感受是什么?你会做些什么?

(18. 来访者对这个问题的回答说明她的社交焦虑需要进行肯定性训练。)

G小姐:我不会做些什么,但是我感觉我要发怒了,因为我认为那是不应该的。

治疗师:是的,那确实是错误的行为。

G小姐:但是我不会说任何话。我没有勇气说话。

治疗师:那么,你在日常生活中遇到每一件类似的事情都会这样做吗?

G小姐:是的,我乘坐公交车的时候,一个站在我后面的男人推推搡搡挤到前面上车,旁边的人们只是抱怨却没有人说什么,这让我感到特别难过。

治疗师:好,为什么你不会对他说一些什么呢?

G小姐:我害怕。他脾气不好。

治疗师:哦,假如那个人不是他呢?假如你在音乐学院的售票处排队,有一个你不认识的人在你前面插队了,你会怎么办?

G小姐:我可能仍然不会说什么。

治疗师:为什么不呢?

G小姐:因为我害怕。我害怕张嘴说话。

治疗师:你是不是担心如果说些什么,人们会开始注意到你?

G小姐:或许是。

治疗师:我换一种方式问这个问题,需要你在回答之前好好想一想。假如你不在乎别人注视你,你是否会说些什么?

G小姐:我真的不知道。我只是说不出来,这些话就是说不出来。

治疗师:哦,好的。你知道,如果有人做那样的事情,如,在你前面插队,他那么做是错误的。你在这里治疗的时候,需要学习去做的一件事情就是,对那种事情采取行动——站出来,不允许有人对你做错事。

G小姐:你会怎么做好那件事呢?

治疗师:实际上你要做的事情就是表达你的烦恼[19]。开始确实很难,但是只要你在某一点上做到了,以后会变得越来越容易了。

(19.这是自我肯定性训练的基本原则。)

G小姐:我试过,但是我不能。如果再发生这件事情,我还是说不出话来,会口吃。

治疗师：哦，我会帮助你。以后你每次来这儿的时候，我都会问，“卡罗尔，你上周发生了类似的事情吗？”你或许会说“是的”，我想知道你在这件事情上的努力。我们会做角色扮演让你知道应该说一些什么，做一些什么。但是同时，我知道这对你来说很难，因为你特别害怕成为别人关注的焦点。如果你告诉别人回到他原来的位置上去，他会看着你，别人也会看着你。这就让事情更难了[20]。

（20.由于来访者对被注视有很强的焦虑反应，因此暂时不能使用肯定性训练。）

G 小姐：是的。

治疗师：因此我们要做的第一件事情就是减轻被注视的恐惧。为了做好这件事情，我们需要了解更多。我们还是用以前提到的一个例子，马路对面坐在长凳上的人看着你[21]。现在，马路的宽度对你来说有什么区别吗？

（21.接下来开始构建焦虑的等级结构。）

G 小姐：是的，如果他们距离我很近的话，我的感觉更糟糕。

治疗师：我明白。现在我找到了一种有用的方法，可以用定量的方式表达一个人害怕的程度。你感觉到最害怕的情况用 100 分表示，你在家的时候一点也感觉不到害怕，就用 0 分表示。下面想一想，假如马路就像百老汇大街一样宽（大约 100 英尺），有一个人坐在马路对面的长凳上。你在距离他多远的时候会感到害怕呢？是 5 米，50 米，20 米，还是其他？

G 小姐：我想是 50 米吧。

治疗师：现在，假如马路对面还是坐着这个人，你和他的距离有百老汇大街宽度的两倍那么远，你的害怕程度有多大？

G 小姐：大约 25 分吧。

治疗师：现在，你看见长凳上坐着两个人，害怕的分数还是 25

分吗?

G 小姐:是的。

治疗师:多少人都没关系吗?

G 小姐:哦,如果有一群人就糟糕了。

治疗师:假如你正站在足球场的一边,宽度是百老汇大街的两倍,有一个人正坐在足球场对面,这会让你产生多大的焦虑呢?

G 小姐:25 分。

治疗师:如果他不是一个男人,而是一个 12 岁的男孩呢?

G 小姐:大约是 5 分或 10 分吧。

治疗师:如果是 15 岁的男孩,你的焦虑分数是不是在 10 分到 15 分之间?

G 小姐:是的。

治疗师:好,我们可以把这些信息用在你的治疗中。首先,你要做好治疗的准备。你的问题是,你会在不应该有焦虑的时候产生焦虑。为了对抗焦虑,你需要产生能和焦虑对抗的情绪。肌肉放松就是一个非常方便有效的方法,可以让你平静下来。你或许从来没有学过肌肉放松的方法,是吗?

G 小姐:没有学过。

治疗师:下次咨询的时候,我会教给你。

**(四)结果与思考**

该案例介绍的不是一个完整的治疗过程,而是整个过程中的第一个环节——初始访谈。治疗师主要是利用基本的心理访谈技术和来访者建立初步的信任关系,并通过反复询问了解来访者社交焦虑的各种细节之后,确定治疗方案。本案例情节相对简单,治疗方向比较清晰,但是如果没有访谈中了解到的事实细节,治疗则很容易走偏方向。

**【案例 2】**

## 一、基本情况介绍

B 先生，31 岁，广告推销员。四年前，他发现自己在社交及生意场合会变得越来越焦虑，难以摆脱。在最近短短的几个月内，这种焦虑越来越严重，甚至影响了正常的生活与工作。在办公室和客户见面时，不到五分钟，他就会因焦虑而产生强烈的小便欲望，不得不去厕所。从厕所回来后，焦虑得到一定程度的缓解。但是，几分钟后，小便的欲望又开始变得特别强烈……这让 B 先生的工作无法继续下去，他感到非常苦恼，无奈之下前来咨询，希望治疗师能帮助他解决焦虑问题。

B 先生来自于一个非常传统的家庭。他从小受到很强的宗教信仰熏陶，形成了明确的是非对错观念。小时候，他经常随父母去教堂做礼拜，这占据了他生活的很大一部分。到了十几岁的时候，他开始讨厌去教堂了，但是又不敢违抗父母的意志，只能将这份厌恶埋藏在心底。B 先生在学校表现不错，和同学老师关系都很好。曾经受过杂志广告的训练，但是现在从事广告销售职业，他非常喜欢自己的工作。

治疗师询问他的性史和恋爱史，B 先生说，他在 10 岁的时候，曾经看过一些色情图片，感觉很新鲜、刺激。13 岁时开始自慰，但是并没有内疚感。14 岁时，开始与异性约会，有过抚摸异性的行为。18 岁时，他遇到了一个女孩。她聪慧、美丽，欣赏他的幽默，这一切都让他动心，他爱上了她。但是，当女孩坦诚地告诉他，两年前她曾经与另一个男人有过性关系时，他非常痛苦，传统观念让他放弃了对女孩的追求。但是，他又割舍不下对她的爱，经过痛苦的反思和抉择，他宽恕了女孩过去的经历，并在 20 岁的时候和她结婚了。婚后的生活很幸福，他和妻子志趣相投，夫妻关系很好，在性生活方面也很和谐。但是，B

先生的心中总是近乎偏执地想象妻子与情人的事情，难以消除妻子的性史给他留下的阴影，感觉自己收到了一张“玷污了的贺卡”。

其他可能和B先生的焦虑有关的因素有以下几点：

第一，16岁时，B先生转学到另一所学校，他体验到了强烈的焦虑情绪，过了一段时间才恢复正常；

第二，他想搬到城里去住，但是又很犹豫，难以做出决定；

第三，B先生有一对好朋友，他曾经认为他们是最理想的夫妻，可是他们的婚姻却破裂了，这对他是不小的打击。

治疗师对B先生进行了恐惧问卷测量，发现他对陌生地点、飞机、陌生人、火车旅伴、蝙蝠、外科手术、看自己像傻瓜、晕倒、被批评、被拒绝、不赞同、失去控制感等，有着非常强烈的焦虑情绪。

## 二、问题分析

根据B先生的主诉和心理测量结果，B先生可能患有社交焦虑障碍。

社交焦虑障碍又称为社交恐怖症，是指在社交场合存在显著、持续的担忧或恐惧，从而妨碍来访者的正常生活。根据美国《精神疾病诊断与统计手册》DSM－IV－TR的诊断标准，社交焦虑障碍主要表现如下：

第一，持久而显著地害怕一种或多种社交情境，在要面对陌生人或可能被他人审视时，来访者害怕因自己的一些举动而感到丢脸或难堪。

本案例中的B先生在四年前，在某些场合会产生难以摆脱的焦虑情绪。心理测量结果表明，B先生对陌生情境、与陌生人交往以及妻子的性史等存在着不同程度的焦虑。

第二，暴露于所害怕的社交情境时，几乎必然引起焦虑反应。

近几个月以来,B先生在办公室与客户见面时,不到五分钟,他就会因焦虑而产生强烈的小便欲望,不得不去厕所。

第三,病人认识到这种害怕是过分的和不合情理的。B先生注意到自己不合情理的焦虑反应,因此前来咨询。

第四,病人回避所害怕的社交情境,在无法回避时则产生强烈的焦虑或苦恼。B先生是一名广告销售员,经常要与陌生的客户会谈,从职业发展的角度来看,他无法回避这样的社交情境。

第五,焦虑所导致的困扰严重干扰病人的日常生活、职业功能、社交活动或人际关系。B先生的焦虑严重影响了他的工作与生活,如他不能和客户谈工作,不能乘坐火车、飞机等。

此外,从案例中提供的资料来看,B先生的焦虑是四年前起病,最近四个月以来严重干扰了工作与生活。B先生来自于有着宗教信仰的传统家庭,没有物质滥用或躯体疾病情况的报告,也没有精神障碍或家族精神病史的报告。因此,他对社交情境的害怕或回避不是由于物质(成瘾药物)或躯体情况的直接生理反应所致,也不能归因于其他精神障碍。

导致B先生这些症状的因素有很多,从其成长历程来看,16岁转学时,他面临着陌生的环境、陌生的老师和同学、对学习和生活的不适应等,给他带来了很强的焦虑体验。这种体验是习得的条件反射性焦虑,当他面对陌生情境或人时,就会产生焦虑情绪。另一个原因,是他对妻子性史的焦虑。由于传统的性观念,让他不能接受妻子的过去。虽然和妻子婚后关系很好,但是内心压抑着的愤怒和痛苦无法释放,又会加重他的焦虑反应。

社交焦虑障碍来访者典型的行为模式是回避或逃避,以免自己陷于尴尬的境地。如,逃避各种社交活动或回避陌生场所。本案例中,B先生对搬到城里的陌生新家犹豫不决,害怕参加会谈、乘坐飞机或火车、外科手术等与人交往的社交活动。B先生和客户会谈时，会因焦虑产生强烈的小便欲望，上厕所后压力有所缓解，从而强化了他的小便行为。

社交焦虑症的核心是来访者十分在意别人如何评价自己，因此产生焦虑。案例中的B先生在问卷测试中显示，他担心自己看起来像个傻瓜，对被批评、被拒绝、不赞同、失去控制感等有着强烈的焦虑情绪。

综上所述，根据案例中对来访者的描述，沃尔普对来访者的社交焦虑障碍诊断是符合DSM－IV－TR诊断标准的。

## 三、心理咨询策略与过程

本案例介绍了治疗师沃尔普解除来访者社交焦虑症的行为治疗方法。行为治疗技术建立在学习理论的基础上，认为很多适应不良行为都是习得的，因此也可以利用学习理论进行校正，用适应性的行为取代适应不良行为。

### （一）咨询目标

行为治疗强调的是外显行为，而不是模糊不清的内心冲突。在本案例中，治疗师的目标是改变来访者的适应不良行为，如，消除会见客户的焦虑，消除对妻子性史的焦虑，建立适应性的行为。

### （二）行为分析

在进行治疗之前，要对来访者的问题行为进行细致的了解与分析。在本案例中，首先要了解引发问题行为的刺激，如，转学、妻子的性史、搬家、与客户会谈、朋友婚姻的破裂等因素。B先生在青少年时期的转学事件给他带来了困扰，多次反复之后，他对新环境形成了问题行为反应，并出现泛化效果，对很多陌生场景、陌生人都会产生焦虑体验。

其次，对个体的行为反应内容进行分析，了解其反应形式。在运动形式方面，B先生出现了一些强迫性行为，如，反复小便；在认知方面，B先生不接纳妻子的性史，认为自己收到了“被玷污的贺卡”，或许会对其自我价值感产生冲击；在情绪方面，B先生有强烈的焦虑和恐惧体验等。

在行为分析的基础上，治疗师确定了心理治疗方法，即，使用系统脱敏疗法来改变B先生的适应不良行为。系统脱敏是治疗恐惧、焦虑最常用的行为疗法，其理论基础是交互抑制原理，即，人们不可能同时体验到焦虑和放松，两种状态是相互抑制的。通过帮助来访者学会在恐惧、焦虑刺激出现时保持一种放松的状态，来访者就不可能同时感受到焦虑情绪，这样反复进行多次之后，就可以达到消除焦虑的目的。

**(三)治疗过程**

系统脱敏法包括三个过程：放松训练、建立主观焦虑等级、脱敏过程。放松训练指通过一定的肌肉松弛训练程序，学会控制全身的紧张程度，并用放松状态去抑制焦虑引起的心率、呼吸等生理指标的变化反应。放松状态多次与引起个体焦虑的条件刺激相结合（如，B先生焦虑的条件刺激主要是与客户会谈），即可消除原来因刺激物引发的焦虑条件反应。

在第2次咨询中，B先生描述了自己的焦虑与小便的强烈欲望特别让人尴尬，让他感觉到自己很无能。与陌生人会谈时，如果不能很方便地找到厕所，他的焦虑感会更强。此外，会见客户的场合以及客户对生意的重要性也会增强他的焦虑程度。治疗师向B先生介绍了行为疗法中的系统脱敏技术，并训练他学会放松的方法。当他感到焦虑的时候，可以使用放松技术缓和焦虑情绪。

五天之后，B先生来进行第3次咨询。他报告了自己上一周的情况，每天坚持进行放松训练，已经取得了一定效果。在家的时候，即使小便的欲望仍然很强烈，通过放松，他能够坚持六个半小时不去小便。看来，放松训练已经见效，可以对B先生进行系统脱敏疗法了。通过交谈，治疗师了解到，对于B先生来说，与客户的会谈时间是影响他焦虑强度的最重要因素。因此，治疗师和B先生确定了一个时间维度的焦虑等级表。治疗师给B先生呈现了第一个场景，让他尽量去想象："你要和一家重要公司的经理会谈，他只允许销售代表在他的办公室谈话2分钟。你进入办公室去见他。"开始的时候，B先生对焦虑的评估分数很高，经过肌肉放松，他逐渐平静下来。治疗师继续对他进行系统脱敏，将会谈时间延长到4分钟、6分钟，让B先生想象。当治疗师第三次展示这个场景的时候，B先生的焦虑已经降到了0分。

在随后的访谈中，治疗师不断延长会谈时间，一直到第九级，B先生能够想象60分钟而没有焦虑。后来，他发现自己在真实的社会情境和会谈中，焦虑状况也有了很大的好转。他去拜访亲戚的时候，在5小时内仅仅小便了3次。通过脱敏训练，他与客户会谈的焦虑水平显著降低，但是，他的预期焦虑却和以前一样，没有任何好转。治疗师评估了B先生在一次预期会谈几小时前的焦虑情况，发现在会谈前的30分钟到1小时内，他的焦虑程度会急剧增加。于是，在第九次访谈中，治疗师开始对B先生进行预期焦虑的系统脱敏治疗。治疗师和B先生共同制定了预期焦虑等级事件表，其中的焦虑程度逐层增强（见下表）。表格中的每个场景呈现两到三次后，B先生的焦虑水平降低为零。

**焦虑等级事件表**

| 焦虑等级 | 焦虑事件 |
| --- | --- |
| 1 | 在他的办公室里，会见客户之前60分钟。 |
| 2 | 在他的办公室里，会见客户前30分钟，并准备前往。 |

续表

| | |
|---|---|
| 3 | 还剩下20分钟了，B先生坐进了汽车。 |
| 4 | 还剩下10分钟了，乘车去见客户的路上。 |
| 5 | 下车，进入客户的办公区，离会谈时间还有8分钟。 |
| 6 | 进入客户的等待室，离会谈时间还有6分钟。 |
| 7 | 向客户秘书介绍自己，离会谈时间还有5分钟。 |
| 8 | …… |

一周以后，B先生来进行第10次咨询访谈。他报告说，本周参加商业会议的时候，自己的焦虑程度减轻了很多。自从被焦虑所困扰，很久以来他都害怕去社交场所。本周他第一次带着妻子去市中心的饭店吃饭。在乘车去饭店的25分钟内，他没有像过去一样，必须在休息室休息一会儿才能缓解自己的紧张。进入饭店后，他有一点儿焦虑，但是10分钟后，就几乎完全放松下来。在第10次咨询中，治疗师对B先生预期会谈焦虑的系统脱敏疗法仍在持续，来访者想象自己离会谈开始还剩2分钟，他坐在等待室里的画面时，已经很平静，不再感到焦虑了。

在第11次见面时，B先生评价自己在很多方面都感到了自信。他开始出去联系新业务，尽管开始感觉有些压力，但是后来越来越放松，体验到以前没有的舒适感。他和某重要客户公司的经理会谈，在见面以及1个半小时的会谈过程中，他几乎没有感到任何焦虑。此外，他不再因去陌生场所而困扰，社交场所有没有厕所也不再对他造成威胁。同样，他也不再因乘坐火车、飞机或公交车而焦虑。因此，治疗师结束了对B先生预期焦虑的系统脱敏治疗。

B先生现在面临的问题是，他认为自己和陌生人交往时没有自信，不敢勇敢地表达自己的观点。为了改善这种情况，治疗师让B先生在相关情境中进行系统脱敏，即，让B先生告诉饭店的服务员“食物味道很糟糕”。在第二次面对这个情境时，他已经不再感到焦虑。两周以后，在第14次访谈中，B先生告诉治疗师，他越来越能够无拘无束地表达自己的想法了。如，在药店里，一个顾客没有按照规则排队而是在他前面插队时，他可以立即毫无顾虑地说出来。他联系业务打电话时也变得越来越自如，与一个重要客户公司的老总谈了1个多小时都没有感到紧张。他说，如果在三个月前，他在这么长的会谈时间里，要去小便20次，现在终于不再那么焦虑了。尽管有了这些好转，然而他仍然会做一些回避的事情。

治疗师意识到，现在治疗的焦点已经不再是解决与客户交往、对陌生社交场景的恐惧问题，而是解决他对妻子婚前性行为的痛苦。治疗师介绍了性学教授金赛(Kinsey)和其他研究者的理论，帮助B先生认识到，自己对妻子性史的反应是非理性的。在此基础上，治疗师使用阿森(Ahsen)1965年提出的“遗觉疗法”(eidetic psychotherapy)对B先生进行治疗。遗觉疗法是一种想象疗法，让来访者想象自己回到过去，在令人沮丧的真实情境中，以一种新的行为方式，来改变与以往事件相联结的情绪。B先生想象自己回到了妻子与情人恋爱的那段时间里，他在旅馆里看到妻子和情人在一起，开始殴打他们发泄自己的怒气。按照阿森的方法，B先生每天想象50－100次。两周后，他感觉自己好多了，对妻子性史偏执想象的发作率降低到20％，痛苦、焦虑、愤怒等情绪强度降低到40％。然而，他又持续练习了四周后，这种情况却不再有所改善。

因此，治疗师决定使用系统脱敏法解决这个问题。他使用了虚幻的画面，假设把B先生妻子婚前的浪漫场景拍摄下来。B先生闭上眼睛进行放松，然后想象妻子和情人坐在沙发上充满激情地接吻，情人抱着她，把手隔着衣服放在她的一只乳房上抚摸着，进行了5秒钟。B先生想象这个场景时，没有感到焦虑。当想象抚摸的时间延长到8秒时，他产生了很强的焦虑情绪。但是，当第三次想象该场景时，他的焦虑消失了。然后，治疗师将想象抚摸的时间延长到10秒钟，B先生经过两次想象和放松，逐渐消除了焦虑。最后，又进行了20秒的想象及放松训练，经过五次想象之后，B先生不再感到焦虑了。

六周以后，B先生来找治疗师，说自己又开始对20秒的抚摸想象感到焦虑。在治疗师的陪伴下，他进行了三次想象训练，焦虑消失。两周以后，他报告说，自己现在对妻子的感觉终于和过去分离，心中已经不再纠缠于她的过去。看来，他的思维已经从关注过去转向关注现在和未来。治疗师又向他展示了更多的场景：想象妻子偎依在情人身边，情人的手在妻子乳房上的抚摸时间越来越长，从连续25秒、30秒、40秒、1分钟、1.5分钟、2分钟到3分钟。这些场景没有再对B先生产生困扰，他闭上的眼睛缓缓睁开，说："我最后一次渡过了难关。"他终于放下了过去，可以和妻子开始现在和未来的生活了。

**（四）结果与思考**

B先生从开始进行心理治疗到结束，用了三年多的时间，终于从焦虑困扰中走了出来，开始了新的生活。在本案例中，B先生面临着两个神经症性焦虑。一个是他面对客户时，会产生与环境不相符的恐惧和焦虑，这种情绪会通过身体症状表现出来，如，强烈的小便欲望等。另一个是他对妻子既往性史的焦虑，因自己的传统观念不能接受妻子的过去，情绪消极低沉，有对妻子性史的强迫性思考等。

神经症是一种持续的、适应不良的习得性习惯，主要表现为焦虑反应。焦虑是个体对痛苦的刺激所特有的自主神经反应模式，在焦虑状态下，个体会产生逃避或回避行为。沃尔普将该案例称为"复杂案例"。然而，在心理咨询与治疗中，我们经常会遇到各种复杂的情况，因此"复杂"并不是引起沃尔普关注的原因。他之所以对这个案例有着特殊的兴趣，在于该案例展示了独特的行为分析和治疗程序。

在行为分析过程中，治疗师除了要获取来访者的姓名、年龄、职业等个人资料外，还需要了解的是：来访者的焦虑和恐惧是什么？它们来源于哪里？通过什么方式或什么样的事件可以缓解这些恐惧和焦虑？这些信息可以帮助治疗师明确来访者适应不良的刺激—反应联结是什么，以便根据相关的行为治疗方法解除这些功能不良的联结。如果来访者对社交情境感到焦虑，治疗师要详细检查，来访者在什么情境中感到痛苦。或许，来访者会对别人的关注有着条件性的焦虑反应，也可能是其他原因让他焦虑。为了改变他的焦虑，治疗师要想到，是否可以通过控制周围人的人数或其他因素来逐步减缓来访者的焦虑。

为了使行为治疗更加有效，非常有必要准确识别引发焦虑反应的刺激。在治疗B先生的两个神经症性焦虑的过程中，治疗师注意到，唤起B先生焦虑的刺激事件与其焦虑程度存在着某种定量关系，这为后来使用系统脱敏疗法奠定了基础。如，B先生与客户会谈时，会对小便的欲望充满恐惧。治疗师发现，会谈持续时间的长短对B先生的焦虑强度有很大的影响，这是治疗的关键。因此，可以对来访者在时间维度上进行系统脱敏。同理，B先生对妻子婚前性史的强迫性思考和痛苦，问题的关键是要发现，妻子与情人的亲密程度决定着B先生的情绪反应强度。因此，治疗师可以通过虚幻的想象，在亲密程度上设置等级（如，激情抚摸的时间长度逐级增加），对B先生进行系统脱敏。